Dios Contigo

Tu Padre quiere hablarte
y tiene un mensaje para ti

**Jorge Lozano, Martin Field, Andrés
Reina, Diana Baker, Wirtz y Pierce,
José Reina, R. Alberto Altina**

CATEGORÍA: Vida Cristiana/Inspiración

Impreso en los Estados Unidos de América

ISBN-13: 978-1508661979
ISBN-10: 1508661979

ÍNDICE

Jesús conoce tu situación

Mi mamá, una mujer muy sabia, siempre nos decía cuando éramos pequeños: "Hay una gran diferencia entre ESTAR SOLO y SENTIRSE SOLO".

Como madre de 4 niños muy cercanos en edad (mi hermano menor y yo nos llevamos solo 15 meses, por ejemplo), ella siempre estaba buscando un momento para estar sola un tiempito, aunque sea por un momento.

Fue muy difícil apartar un momento para escapar de las demandas de 4 niños pequeños, las tareas de la casa, la empresa familiar, etc. Sin embargo, ella nos decía y repetía: "si estoy sola no significa que me siento sola".

Creo que hay una gran verdad en esta frase, pues yo sé

que a Julia, mi esposa, también le encanta tener momentos a solas, lejos de las demandas de los 5 niños que hay en su casa (me incluyo entre los niños).

Generalmente el único lugar donde mi esposa encuentra estos momentos solitarios es en el baño, es como si dijera "por favor, denme cinco minutos de paz sin interrupciones"... Tal vez las madres puedan relacionarse con esto.

La cuestión es que estar solo puede ser una linda experiencia. En realidad es algo importante en la vida, pues te permite tener momentos apartados de la gente, incluso de los seres queridos, para pensar, para reflexionar y para hablar con Dios.

Y vemos en la vida de Jesús que Él buscaba esos momentos, pues reiteradamente leemos en las Escrituras que se hacía una escapada a los montes para orar y meditar, para recuperarse y conectarse con Su padre, lejos de las demandas y peticiones de la gente.

Es saludable estar solos, pues nos ayuda a pensar, meditar, y en el caso de Jesús, a conectarse con su Padre. Pero sentirse solo es otra cosa. No es una linda experiencia.

Aunque es una experiencia muy común para la mayoría de las personas y una parte de la realidad humana, lo cierto es que no es muy agradable sentir esa agobiante soledad.

Me imagino que a medida que estás leyendo esto tal vez recuerdes aquel momento cuando te sentiste solo o sola.

Muchos se sienten solos en la ciudad desde donde estoy escribiendo esto, en Córdoba, Argentina. Aquí tenemos una de las universidades nacionales más reconocidas del país, por lo que muchos estudiantes dejan su ciudad natal y se radican aquí para estudiar, lejos de sus familias en una ciudad grande, lejos de sus hogares. Y muchos de estos estudiantes se sienten solos, a pesar de estar rodeados de otros estudiantes.

Otros se sienten solos porque sus relaciones familiares se han roto, o porque se rompió su noviazgo, o porque sus familias no entienden su fe cristiana. Hay una multitud de razones y numerosas posibilidades.

Lo cierto es que no es nada bonito sentir que andas en el mundo sin apoyo, sin una conexión profunda con otros. Es muy feo sentir que si no estuvieras aquí nadie se daría cuenta. No es muy agradable el sentir que si no estarías nadie preguntaría por ti ni averiguaría dónde estás para ir a visitarte.

Hoy en día demasiada gente siente que tiene una conexión mucho más profunda con sus perros que con otras personas.

Y a veces es difícil creer que Dios entiende nuestra situación. Sabemos que Jesús sufrió, pero ¿realmente entiende Él nuestras experiencias? Pensamos que sí, que Él sufrió, pero que como Él es Dios entonces no le dolió tanto. Pensamos que para Él no fue tan difícil. Es como que Jesús tenía otra experiencia humana, no tan real como la nuestra.

Si eso es lo que piensas entonces espero que con el pasaje de esta sección puedas ver 2 cosas muy importantes. Primero me gustaría que puedas ver que Jesús sí entiende nuestra experiencia humana en su totalidad. Él entiende mejor que nadie lo que es sufrir y cómo es sentirse solo.

Y segundo, espero que puedas crecer en tu conocimiento de la profundidad del amor de Jesús, este amor que sobrepasa todo entendimiento.

Vamos a estar enfocándonos en Marcos 14:17-21, pero para tener el contexto en cuenta, leamos desde el versículo 12 hasta el 31:

El primer día de la fiesta de los panes sin levadura, cuando sacrificaban el cordero de la pascua, sus discípulos le dijeron: ¿Dónde quieres que vayamos a preparar para que comas la pascua?

Y envió dos de sus discípulos, y les dijo: Id a la ciudad, y os saldrá al encuentro un hombre que lleva un cántaro de agua; seguidle, y donde entrare, decid al señor de la casa: El Maestro dice: ¿Dónde está el aposento donde he de comer la pascua con mis discípulos?

Y él os mostrará un gran aposento alto ya dispuesto; preparad para nosotros allí. Fueron sus discípulos y entraron en la ciudad, y hallaron como les había dicho; y prepararon la pascua.

Y cuando llegó la noche, vino él con los doce. Y cuando se sentaron a la mesa, mientras comían, dijo Jesús: De cierto os digo que uno de vosotros, que come conmigo, me va a entregar.

Entonces ellos comenzaron a entristecerse, y a decirle uno por uno: ¿Seré yo? Y el otro: ¿Seré yo?

Él, respondiendo, les dijo: Es uno de los doce, el que moja conmigo en el plato. A la verdad el Hijo del Hombre va, según está escrito de él, mas ¡ay de aquel hombre por quien el Hijo del Hombre es entregado! Bueno le fuera a ese hombre no haber nacido.

Y mientras comían, Jesús tomó pan y bendijo, y lo partió y les dio, diciendo: Tomad, esto es mi cuerpo. Y tomando la copa, y habiendo dado gracias, les dio; y bebieron de ella todos.

Y les dijo: Esto es mi sangre del nuevo pacto, que por muchos es derramada. De cierto os digo que no beberé más del fruto de la vid, hasta aquel día en que lo beba nuevo en el reino de Dios.

Cuando hubieron cantado el himno, salieron al monte de los Olivos. Entonces Jesús les dijo: Todos os escandalizaréis de mí esta noche; porque escrito está: Heriré al pastor, y las ovejas serán dispersadas. Pero después que haya resucitado, iré delante de vosotros a Galilea.

Entonces Pedro le dijo: Aunque todos se escandalicen, yo no.

Y le dijo Jesús: De cierto te digo que tú, hoy, en esta noche, antes que el gallo haya cantado dos veces, me negarás tres veces. Mas él con mayor insistencia decía: Si me fuere necesario morir contigo, no te negaré. También todos decían lo mismo. Marcos 14:12-31 (RVR60)

Jesús está en control

La primera cosa que notamos en este pasaje es que Jesús está en control. Él sabe bien lo que va a pasar. No hay sorpresas inesperadas para él.

En el versículo 18 Jesús dice: *"Les aseguro que uno de ustedes, que está comiendo conmigo, me va a traicionar".* Esta afirmación no es una adivinanza de Jesús, él no estaba jugando con sus discípulos preguntándoles: "adivinen qué va a pasar ahora".

Cuando dice: "Les aseguro" está usando una palabra que en griego se traduce como "AMEN", y significa algo seguro, algo cierto. Jesús sabe y conoce su propio futuro, para Él no hay sorpresas.

Y no solamente vemos que Jesús sabía sobre los acontecimientos futuros cuando menciona sobre su traición. En los versículos 12 al 16 Marcos nos cuenta qué pasó con las preparaciones para la Pascua.

Hay muchos detalles en este pasaje, por ejemplo, los

dos discípulos que van a la ciudad van a encontrar un hombre con un cántaro de agua, él va a llevarlos al dueño, y él va a mostrarles la sala donde pueden preparar la cena.

¿Por qué Marcos nos cuenta con tantos detalles todo esto si simplemente se trataba de la sala que iban a usar? La clave está en el versículo 16: *"Los discípulos salieron, entraron en la ciudad y encontraron todo tal y como les había dicho Jesús"*.

¿Notaste lo que Marcos resalta? *"Encontraron todo tal y como les había dicho"*. Las cosas pasaron exactamente como Jesús había dicho. Esto nos muestra que Él está en control y que está aun en los detalles más pequeños, como el lugar donde iban a comer.

Nada puede tomar por sorpresa a Jesús.

Si antes de la cena demostró que sabía lo que iba a suceder, entonces cuando leemos lo que Jesús dice durante la cena, deberíamos saber que estas cosas también va a pasar. Si Jesús dice que uno de ellos va a traicionarlo, es porque Él sabe.

Y después cuando él dice que todos van a abandonarlo y que Pedro va a negarlo, sabemos que esto también va a pasar. Todo va a suceder según la voluntad de Dios.

Como Jesús lo dijo en el versículo 21: *"El hijo del hombre se irá tal como está escrito de él"*. No hay sorpresa alguna para él en estos últimos momentos de su vida.

Sin embargo, hay una ironía en este pasaje. Leamos los primeros dos versículos del capítulo 14: *Faltaban sólo dos días para la Pascua y para la fiesta de los Panes sin levadura. Los jefes de los sacerdotes y los maestros de la ley buscaban con artimañas cómo arrestar a Jesús para matarlo. Por eso decían: «No durante la fiesta, no sea que se amotine el pueblo.»*

Y un poco más adelante, en los versículos 10 y 11 leemos: *Judas Iscariote, uno de los doce, fue a los jefes de los sacerdotes para entregarles a Jesús. Ellos se alegraron al oírlo, y prometieron darle dinero. Así que él buscaba la ocasión propicia para entregarlo.*

Judas y los sacerdotes estaban planificando la muerte de Jesús en secreto. No querían que nadie lo supiera. Parecía un plan brillante hecho en plena oscuridad.

Pero Jesús sabía. Él sabía exactamente lo que estaba pasando. No existía para Él secreto alguno que pudiera esconderse. Jesús estaba en control. No había sorpresas.

No sé como es en tu familia, pero en la nuestra es casi imposible sorprender a mi esposa con regalos. Ella siempre sabe. No importa si trato de esconder la sorpresa, ella casi siempre averigua. Me parece que es algo que heredó de su madre, porque su madre es igual.

Solo una vez no funcionó. Mi suegra le había

preguntado a su hijos: ¿Qué me compró papá para mi cumple? Y ellos respondieron, "una piedra grande".

Entonces ella pensó que su marido le había comprado un anillo con una piedra grande, por lo que esperaba su cumpleaños con mucha anticipación.

Cuando llegó ese gran día su regalo estaba ahí en la mesa... una piedra grande, literalmente. Una escultura, bastante fea, estaba sobre la mesa... nada más. No había anillo, no eran joyas, sino simplemente ¡una piedra grande!

Pero con Jesús no había sorpresas. Él sabía lo que iba a pasar. Y éste es el primer punto importante que quiero recalcar. En esta actitud sobrenatural vemos la profundidad del amor de Jesús. Seguramente te estarás preguntando: "Pero, ¿Cómo vemos en esto el amor de Jesús?".

Porque Él sabía lo que iban a hacerle. Él no cayó en una trampa sin saberlo, sino que todo el tiempo Él sabía lo que estaban tramando contra Él y cómo iban a hacerlo. Él sabía de la traición de Judas, sabía que todos sus discípulos iban a abandonarlo y sabía que Pedro iba a negarlo.

Él sabía todo lo que iba a pasar.... pero decidió ir a la cruz de igual manera. Podía evitarla, podía cambiar la situación, podía escapar... pero NO. Decidió no hacerlo, pues sabía que la voluntad de su padre era que entregara su vida en sacrificio por el pueblo escogido de Dios.

La cruz no fue una sorpresa para Jesús. Él sabía que iban a matarlo, pero fue igual. Fue a la cruz por amor. ¿Y qué razón tenía Jesús para hacer esto? La razón era que Él sabía cuál era la voluntad de Su padre desde el principio. Jesús conocía estas palabras, las cuales fueron escritas para ese entonces más de 600 años antes:

Ciertamente él cargó con nuestras enfermedades
y soportó nuestros dolores,
pero nosotros lo consideramos herido,
golpeado por Dios, y humillado.

Él fue traspasado por nuestras rebeliones,
y molido por nuestras iniquidades;
sobre él recayó el castigo, precio de nuestra paz,
y gracias a sus heridas fuimos sanados.

Todos andábamos perdidos, como ovejas;
cada uno seguía su propio camino,
pero el SEÑOR hizo recaer sobre él
la iniquidad de todos nosotros.

Maltratado y humillado,
ni siquiera abrió su boca;
como cordero, fue llevado al matadero;
como oveja, enmudeció ante su trasquilador;
y ni siquiera abrió su boca.

Después de aprehenderlo y juzgarlo, le dieron muerte;

nadie se preocupó de su descendencia.

Fue arrancado de la tierra de los vivientes,
y golpeado por la transgresión de mi pueblo.

Se le asignó un sepulcro con los malvados,
y murió entre los malhechores,
aunque nunca cometió violencia alguna,
ni hubo engaño en su boca.

Pero el SEÑOR quiso quebrantarlo y hacerlo sufrir,
y como él ofreció su vida en expiación,
verá su descendencia y prolongará sus días,
y llevará a cabo la voluntad del SEÑOR.

Después de su sufrimiento,
verá la luz y quedará satisfecho;
por su conocimiento
mi siervo justo justificará a muchos,
y cargará con las iniquidades de ellos.

Por lo tanto, le daré un puesto entre los grandes,
y repartirá el botín con los fuertes,
porque derramó su vida hasta la muerte,
y fue contado entre los transgresores.

Cargó con el pecado de muchos,
e intercedió por los pecadores".
Isaías 53:4-12 (NVI)

Jesús fue a la cruz a propósito... no fue un accidente. No fue mala suerte o que simplemente estuvo en el lugar equivocado en el momento equivocado. Jesús sabía lo que estaba haciendo y ese momento estaba en la voluntad de Dios desde el principio.

Él fue a la cruz por amor, porque sabía que era la única manera de lograr salvación para los pecadores. Esto es lo que expresa la oración de Jesús, cuando postrado sobre su rostro en el jardín de Getsemaní oró: *"Padre mío, si es posible, no me hagas beber este trago amargo. Pero no sea lo que yo quiero, sino lo que quieres tú."* Mateo 26.39 (NVI)

Vemos entonces el amor de Jesús: sabiendo lo que iba a suceder fue a la cruz igual. Fue por obediencia a Su Padre. Fue por amor a nosotros.

El dolor de ser traicionado por un amigo

Ahora bien, el hecho de que Jesús supiera lo que iba a suceder no quitaba el dolor de la situación. No significa que no le iba a doler mucho.

Leamos otra vez: *"Mientras estaban sentados a la mesa comiendo, dijo:*
—Les aseguro que uno de ustedes, que está comiendo conmigo, me va a traicionar".
Veo en esta frase de Jesús que Él siente una tristeza por todo lo que va a pasar. Cuando dice "uno de ustedes, que está comiendo conmigo" no le está hablando a un

enemigo ni tampoco a un desconocido.

"Ellos se pusieron tristes, y uno tras otro empezaron a preguntarle:
—¿Acaso seré yo?"
Los discípulos se pusieron tristes, es decir, reconocieron cuán grave era la situación. Imagínate ese momento lleno de dolor. Creo que los discípulos pensaban: "Pero… ¿cómo podría alguno de nosotros traicionar al maestro?" Y por supuesto, cada uno de ellos tenía miedo de que Jesús esté hablando de él.

Porque la verdad es que nadie quiere ser el protagonista de algo tan feo, ni la persona que traiga tanto dolor y tristeza. Pero Jesús sigue hablando y dice:

"—Es uno de los doce —contestó—, uno que moja el pan conmigo en el plato".

Y para mí esta frase es muy emotiva. Es uno de los doce.

Uno de ellos, de los que habían estado con él por tres años. Era alguien que estaba supuestamente en el mismo equipo. Habían viajado juntos, habían comido juntos, habían compartido tantas cosas: momentos alegres como así también momentos muy difíciles. Pero la persona que traicionaría a Jesús era "uno que moja el pan conmigo en el plato", es decir, un amigo cercano, del grupo íntimo de Jesús.

El equivalente en Argentina sería "uno con quien

comparto el mate". El mate es una infusión preparada con hojas de yerba mate, muy típica del pueblo argentino, el cual se caracteriza por reunir a amigos y familiares alrededor de una mesa o algún evento. Y cuando tomamos mate, compartimos la bombilla, pues es una bebida que pasa de mano en mano y se comparte con los demás.

Esta acción de tomar mate es supuestamente una acción de comunión y de intimidad. Qué dolor y qué tristeza el ser traicionado por un amigo, uno que moja el pan con él.

Y me imagino que si no todos, por lo menos algunos de nosotros hemos experimentado algo de este tipo de emoción y tristeza.

El fin de semana pasado fuimos a visitar a unos amigos en la ciudad de Rosario, en Santa Fe. Hace ya algunos años que se mudaron dejando su provincia natal, Misiones. Ellos nos contaban que la primera noche que pasaron en su nueva casa durmieron allí, pero en una carpa, pues la casa tenía paredes pero no así un techo que la cubriera.

Para colmo de males una fuerte tormenta se desató esa misma noche, por lo que se mojaron enteros. Seguramente te estarás preguntando: ¿Pero cómo es que se mudaron a una casa sin techo? La respuesta es que el constructor de la vivienda, un conocido de la iglesia, nunca llegó a terminarla, sino que se largó con el resto del dinero.

Esta es tan sólo una historia de traición y de seguro hay muchísimas más. Me imagino que entre tú y yo podríamos escribir un libro entero acerca del tema.

Algunos han sido traicionados en los negocios, tal vez por un socio que no cumplió con su parte del trato, o aun por un familiar cercano. Hay mucha gente que ha sido traicionada por amigos, familiares, esposos y aun hermanos de la iglesia. ¡Y qué feo se siente! Imagínate qué horrible sería ser traicionado por alguien con quien has compartido no solamente el pan, sino las cosas más íntimas de la vida. La traición de un esposo o una esposa entraría en las experiencias más feas de la vida, me imagino. ¡Qué tristeza produciría! ¡Qué dolor!

Amigo lector, Jesús comprende muy bien este tipo de dolor, porque Él conoció la tristeza que produce. Él entiende la situación humana. Él entiende cómo uno se siente cuando es traicionado.

Y no solo ser traicionado, en el versículo 27 leemos: *"todos ustedes me abandonarán"*. Él sabía que iba a ser abandonado por sus amigos más íntimos.

Un día hace un para de años, mi cuñado estaba de visita en uno de los tantos parques nacionales que tenemos en Australia. En ese parque había un lago pequeño, y había un grupo de jóvenes saltando desde un acantilado hacia el agua. Todo bien por un tiempo, hasta que uno de los chicos, cuando saltó del acantilado, no llegó al agua, sino que chocó contra las rocas debajo.

¡Imagínate qué dolor! El chico estaba tirado allí abajo, gritando de dolor pues se había quebrado sus dos piernas en varios lugares, así que no podía salir de donde estaba. Al escuchar los gritos mi cuñado tuvo que rápidamente cruzar el lago nadando para llegar hasta el joven y lograr ayudarlo.

Seguramente te estarás peguntando: ¿por qué tuvo que ir mi cuñado a ayudarlo? Y lamentablemente la respuesta es porque sus "amigos" ¡se fueron!¿Puedes creerlo?

Esos muchachos vieron lo que sucedió y se fueron corriendo, porque habían tomado y fumado, así que tenían miedo de que llegara la policía.

Abandonaron a su amigo en el momento de más necesidad. En un momento tan feo, huyeron. Imagínate el dolor, no solamente de las heridas sufridas por el accidente, sino el dolor de saber que "tus amigos" te abandonaron.

Esto es lo que le pasó a Jesús. Él entiende este dolor. Aun en el peor momento de su vida, experimentando su hora más difícil, sus propios amigos no podían ni quedarse despiertos para velar en oración.

Y después de eso huyeron. Lo abandonaron a Jesús en el jardín para morir solo. Y a Pedro le dijo, como leemos en el versículo 30: *"Te aseguro que hoy, esta misma noche, antes de que el gallo cante por segunda vez, me negarás tres veces".*

Y Pedro, esa roca entre los discípulos, va a negar que conoce a Jesús: *"¡No lo conozco!"*

Cuando pensamos en el dolor que Jesús soportó en la cruz generalmente pensamos en el dolor físico. ¿Recuerdas la famosa película "La Pasión de Cristo"? Esta película muestra muy claramente la brutalidad y el dolor que Jesús sufrió. Fue algo muy físico. Pero el problema es que en los evangelios el énfasis es otro. Más que enfatizar el dolor físico, los evangelistas se concentran en la humillación de Jesús.

En Marcos tenemos solamente esta frase sobre la crucifixión: *"lo crucificaron"*, y se encuentra en Marcos 15.24.

Aun así tenemos muchos detalles sobre las burlas, las blasfemias y el desprecio hacia Jesús. Se describe en detalle el fracaso de sus amigos, las traiciones y la negación. Porque hay un dolor peor que el dolor físico y ése es el dolor de sentirse solo, completamente solo.

Mi hermano y hermana en Cristo que estás leyendo esto, Jesús conoce cómo es sentirse solo. Él fue a la cruz solo.

Fue traicionado, abandonado, negado. Sintió lo que realmente es no tener ni un amigo en el mundo, por lo que tuvo que confiar solamente en Su padre y encomendándose a hacer Su voluntad.

Como dice en Hebreos 4.14-16:

Por lo tanto, ya que en Jesús, el Hijo de Dios, tenemos un gran sumo sacerdote que ha atravesado los cielos, aferrémonos a la fe que profesamos. Porque no tenemos un sumo sacerdote incapaz de compadecerse de nuestras debilidades, sino uno que ha sido tentado en todo de la misma manera que nosotros, aunque sin pecado. Así que acerquémonos confiadamente al trono de la gracia para recibir misericordia y hallar la gracia que nos ayude en el momento que más la necesitemos. (NVI)

Él entiende nuestras debilidades, nuestras dificultades, nuestras tentaciones y todas nuestras luchas. Y no es que Él lo comprende solamente en teoría, como algo ajeno y externo. No, él entiende porque ha experimentado y vivido todo eso y mucho más.

Su sufrimiento fue mucho más de lo que podríamos imaginar. Pero en todo, no pecó. Fue a la cruz, hizo la voluntad de su padre. Fue a la cruz solo. Fue a la cruz por nosotros.

Como dije antes, mi esperanza es que podamos crecer en dos cosas a través de este pasaje:

1. Que conozcamos mejor este amor impresionante

que Jesús tiene hacia nosotros. Sabiendo lo que iba a pasar, igual fue a la cruz. Fue a la cruz por amor a Su padre. Fue a la cruz por amor a nosotros.

2. Que sepamos claramente que Jesús entiende nuestra situación. Sea cual sea tu situación, tu lucha o tu experiencia, Jesús comprende, porque Él es nuestro sumo sacerdote quien ha sido probado en todo.

Tenemos un sumo sacerdote que nos comprende porque ha vivido entre nosotros, así que no hay necesidad de buscar a otros. Hoy en día muchos creen que Jesús está muy lejos, y por lo tanto buscan a otros mediadores: al Gauchito Gil, a la Difunta, a María, etc. Simplemente porque parecen más humanos. Pero no es así. Jesús nos comprende porque Él comparte lo que es ser un ser humano.

Y como dice Hebreos, podemos acercarnos confiadamente a su trono para recibir su misericordia y hallar gracia que nos ayude en el momento cuando más la necesitemos.

Extraído del libro: *GRACIA PARA VIVIR* - *Descubre cómo vivir la vida cristiana y ser parte de los planes de Dios.* Por Martin Field

Un soldado desconocido

En 1946 mi padre acababa de volver de la guerra. En todas las carreteras de los Estados Unidos se veía a soldados en uniforme haciendo dedo para volver a su casa y sus familias. Era la costumbre en ese tiempo.

Lamentablemente, la emoción del reencuentro de mi padre con su familia pronto se vio ensombrecida. Su madre se puso muy enferma y tuvo que ser hospitalizada. Sus riñones no funcionaban bien, y los médicos le dijeron a mi padre que necesitaba una transfusión de sangre inmediatamente, o ella no viviría la noche.

El problema era el grupo sanguíneo de mi abuela. Ella

tenía tipo AB negativo, un tipo muy raro, aún hasta hoy día, pero se complicaba más en esos tiempos porque no existían los bancos de sangre ni los vuelos aéreos para transportar la sangre a otras ciudades.

Se sacó análisis de sangre a todos los miembros de la familia pero ninguno tenía ese tipo de sangre.

Los médicos no le dieron ninguna esperanza a la familia - mi abuela se estaba muriendo. Mi padre salió del hospital en lágrimas para reunir a su familia, para que todos tuvieran la oportunidad de despedirse de su madre, mi abuela.

Al conducir por la carretera mi padre vio un soldado en uniforme haciendo dedo para regresar a su hogar. Sumido en una profunda tristeza, mi padre no tenía ninguna inclinación en ese momento de hacer una buena obra, sin embargo, casi como si algo fuera de él mismo lo detuvo y esperó a que el extraño se metiera en el coche.

Mi padre estaba demasiado acongojado para si quiera preguntarle al soldado su nombre, pero el soldado se dio cuenta enseguida de las lágrimas de mi padre y le preguntó el motivo.

A través de las lágrimas mi padre le contó a este extraño que su madre yacía muriendo en el hospital porque los médicos no habían podido encontrar la sangre que necesitaba, AB negativo, y si no lo encontraban antes del anochecer, ella iba a morir.

Se hizo un silencio en el coche. Entonces este soldado desconocido le tendió la mano a mi padre, con la palma hacia arriba. En la palma de su mano estaban las placas de identificación que llevaba alrededor de su cuello. El tipo de sangre en las placas era AB negativo.

El soldado le dijo a mi padre que diera la vuelta y que le llevara al hospital. Mi abuela vivió hasta el año 1993, 47 años más, y hasta el día de hoy nadie en mi familia ha sabido el nombre del soldado. Muchas veces mi padre se ha preguntado si realmente era un soldado o en verdad un ángel con uniforme.

Algunas veces no sabemos a quién Dios pondrá en nuestras vidas para llevar a cabo una misión especial, ni nos damos cuenta qué personas Dios utilizará para impactar nuestras vidas.

DESCONOCIDO

Extraído del libro: *ÁNGELES EN LA TIERRA - Historias reales de personas que han tenido experiencias sobrenaturales con un ángel.* Por Diana Baker

Cómo ser amigo de Dios y ganarse Su favor

"Y se cumplió la Escritura que dice: Abraham creyó a Dios, y le fue contado por justicia, y fue llamado amigo de Dios." Santiago 2:23 (RVR1960)

"Y hablaba Jehová a Moisés cara a cara, como habla cualquiera a su compañero. Y él volvía al campamento; pero el joven Josué hijo de Nun, su servidor, nunca se apartaba de en medio del tabernáculo." Éxodo 33:11 (RVR1960)

Vemos en estos pasajes que Moisés llegó a tener una comunión con Dios tan íntima que los dos (Jehová y Moisés) hablaban cara a cara, como cuando hablas con tu amigo. ¿Puedes imaginarlo? La verdad es que no puedo imaginarme a Dios, a Moisés puede que sí, pero es algo tan impresionante que lo único que puedo llegar a imaginar es a Moisés hablando de frente con alguna especie de luz brillante.

Leamos el resto del capítulo 33 del libro de Éxodo:

"Y dijo Moisés a Jehová: Mira, tú me dices a mí: Saca este pueblo; y tú no me has declarado a quién enviarás conmigo. Sin embargo, tú dices: Yo te he conocido por tu nombre, y has hallado también gracia en mis ojos.

13 Ahora, pues, si he hallado gracia en tus ojos, te ruego que me muestres ahora tu camino, para que te conozca, y halle gracia en tus ojos; y mira que esta gente es pueblo tuyo.

14 Y él dijo: Mi presencia irá contigo, y te daré descanso.

15 Y Moisés respondió: Si tu presencia no ha de ir conmigo, no nos saques de aquí.

16 ¿Y en qué se conocerá aquí que he hallado gracia en tus ojos, yo y tu pueblo, sino en que tú andes con nosotros, y que yo y tu pueblo seamos apartados de todos los pueblos que están sobre la faz de la tierra?

17 Y Jehová dijo a Moisés: También haré esto que has dicho, por cuanto has hallado gracia en mis ojos, y te he conocido por tu nombre.

18 El entonces dijo: Te ruego que me muestres tu gloria.

19 Y le respondió: Yo haré pasar todo mi bien delante de tu rostro, y proclamaré el nombre de Jehová delante de ti; y tendré misericordia del que tendré misericordia, y seré clemente para con el que seré clemente.

20 Dijo más: No podrás ver mi rostro; porque no me verá hombre, y vivirá.

21 Y dijo aún Jehová: He aquí un lugar junto a mí, y tú estarás sobre la peña;

22 y cuando pase mi gloria, yo te pondré en una hendidura de la peña, y te cubriré con mi mano hasta que haya pasado.

23 Después apartaré mi mano, y verás mis espaldas; mas no se verá mi rostro." Éxodo 33:12-23 (RVR1960)

Cuando leo esto en realidad no salgo de mi asombro. Moisés, en los primeros versículos le pide a Dios que le haga SABER sus planes. Luego, en los versículos 15 y 16 Moisés le confiesa al Señor que sin Él, tanto el pueblo como Moisés no podrían distinguirse de los demás. Con el Señor de su lado las demás naciones sabrían que Israel contaba con el apoyo de Dios, es decir que así podrían dar testimonio.

Ahora fijémonos en las respuestas de Dios:

A la primera petición de Moisés (saber sus planes), Dios le contesta que Él lo ACOMPAÑARÁ y le dará DESCANSO.

Esto me recuerda las palabras de Jesús en Mateo 11.28: "Venid a mí todos los que estáis trabajados y cargados, y yo os haré descansar." (RVR1960)

A la segunda petición de Moisés (acompañar al pueblo), el Señor dice que también lo hará. ¿Por qué? Porque Moisés no pedía sólo para él, y esto es muy importante, sino que pedía para el bienestar del pueblo. Entonces Jehová se fijó que las peticiones de Moisés eran justas.

El versículo 17 nos muestra que el Señor le concedió todo esto porque confiaba en Moisés, él hallo gracia en los ojos de Dios, es decir que se GANÓ su favor. La versión Traducción en Lenguaje Actual dice lo siguiente:

"Dios le respondió: —Está bien, voy a acompañarlos, porque realmente te amo y confío en ti." (Éxodo 33.17)

Luego de esto, como cambiando de tema, Moisés le pide a Dios que le deje ver su gloria, pero ese es otro tema. En esta ocasión me gustaría hacer énfasis en esto: Moisés se ganó el favor de Dios. Lo que me lleva a preguntarme: Hoy en día, ¿Cómo puedo hacer para ganarme el favor de Dios? ¿Cómo puedo ser su amigo?

Somos cristianos, ¿verdad?, pero ¿qué es ser un

cristiano? Un cristiano es un seguidor de Cristo Jesús.

El seguidor de otra persona QUIERE SER como esa persona. Por ejemplo, si me gustara cocinar, leería libros y aprendería viendo programas de televisión donde enseñe mi cocineros preferido. Adoptaría sus costumbres, gestos y trataría de cocinar tan bien como él, es decir, aspiraré a ser como él.

Entonces, un cristiano es alguien que quiere ser como Cristo. Pero, ¿Cómo puedo lograr ser como él?

Esto es obvio, pero muy pocos lo ponen en práctica. Yo puedo ser como Jesús hablando con él y de él, leyendo y estudiando la Palabra de Dios y haciendo lo que ella me indica, entre muchas otras cosas.

Muchas personas cristianas basan su creencia en sus sentimientos y emociones, dejando al Espíritu Santo, quien es nuestro guía, de lado.

Hay personas, aun dentro de la Iglesia, que todavía se sienten vacías y buscan amistad en otras personas, porque en realidad no han comprendido lo que verdaderamente es el cristianismo.

Ser cristiano no es acatar los mandamientos de una religión, sino apartar tiempo para hacer crecer una relación. Hoy en día la gente piensa que el cristianismo es una serie de reglas que hay que seguir y prohibiciones que hay que cumplir, pero no se dan cuenta que el verdadero cristianismo se trata de mantener una relación fresca y dinámica con nuestro Creador.

Solamente al tener una relación con Dios podremos construir una comunión con Él. ¿Qué significa la comunión con Dios?

Presencia: Dios el Padre quiere que experimentes Su presencia. Hoy puedes hacerlo gracias al Espíritu Santo.

Compañerismo: Dios desea acompañarte en cada paso que des en esta vida.

Compartir mutuamente: Puedes derramar tu corazón ante Él y Él derramará el suyo. Si tú compartes tu tristeza y dolor, Él derramará sobre ti Su gozo y Su paz.

Participación mutua: Te conviertes en amigo de Dios y partícipe en Su obra en este mundo.

Intimidad: Puedes estar cerca de Dios todos los días en cualquier lugar.

Amistad: Dios anhela que compartas con Él los secretos más íntimos de tu corazón

Camaradería: En griego esta palabra significa "comandante". Dios es el capitán de tu vida, siempre guiando tus pasos pero respetando tus decisiones.

Por eso, nuestro único y verdadero amigo, y al que debemos brindarle todo nuestro amor y tiempo es

Jesús.

Para lograr ser amigos de Él, esa persona maravillosa que hizo una demostración de amor tan grande, debemos estudiar la Biblia.

Me encanta leer la Palabra de Dios, pero implica que deje de hacer otras cosas para dedicarme a ello. El ser cristiano es ser constante en la oración y la lectura de la Palabra, es estar en constante conocimiento de las cosas de Dios, es servir, es estar dispuesto, es... tantas cosas que podría mencionar y que sólo se aprenden meditando y escudriñando la Palabra.

Cuando tengas un problema, cuando parezca que todo se derrumba, recuerda que tu amigo Jesús está esperándote con los brazos abiertos para darte palabras de consuelo, amor paz y fortaleza.

Recuerda que Jesús dijo: "Al que a mi viene, no le echo fuera". (Juan 6:37). Tu amigo Jesús hoy está esperando tener un encuentro personal y significativo contigo. Él anhela fervientemente conocerte mejor y llamarte amigo.

Hace poco leí algo que ilustra mejor este concepto.

En cierta ocasión, un pintor de renombre organizó un importante evento para exhibir una de las que él decía era su mejor obra. El día de la presentación al público del precioso cuadro asistieron al evento fotógrafos, autoridades locales, periodistas, y mucha gente muy popular, pues se trataba de un pintor muy famoso y altamente reconocido por sus obras de arte. Cuando llegó el momento de inaugurar la obra todos los presentes contuvieron el aliento mientras el paño blanco que la cubría iba cayendo, de manera que todos pudieran admirar el cuadro. Por unos segundos se hizo absoluto silencio, y luego se escuchó un acalorado aplauso por parte de los asistentes.

El cuadro ilustraba una portentosa figura que representaba a Jesús junto a la puerta de una casa, tocando suavemente. Al ver esa pintura pareciera como que Jesús estaba vivo. Se lo veía con el oído junto a la puerta, como si quisiera escuchar si alguien le respondía desde adentro de la casa.

Mientras todos los presentes estaban admirando aquella admirable obra de arte, un caballero se acomodó sus gafas y miró nuevamente. El observador, muy curioso, se dio cuenta que había encontrado una falla en la obra de arte: La puerta no tenía cerradura, de modo que fue a comentárselo al artista: "¡La puerta que pintó en su cuadro no tiene cerradura! ¿Cómo espera que alguien la abra?" Al oír esto, y sin perder la calma, el pintor tomó su Biblia, buscó un pasaje y le pidió al curioso observador que lo leyera:

Era Apocalipsis 3.20, que dice: "He aquí, yo estoy a la puerta y llamo: si alguno oyere mi voz y abriere la puerta, entraré a él, y cenaré con él, y él conmigo."

"Tiene usted razón", le respondió el pintor. "Esta puerta que he pintado representa el corazón del hombre, por lo que sólo se abre por dentro."

Creo que es tiempo de abrir nuestro corazón a este Dios de amor que constantemente está buscándonos para tener una relación personal con nosotros.

El día de hoy, ¿le abrirás la puerta de tu corazón a Jesús?

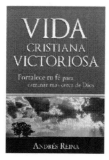

Extraído del libro: *VIDA CRISTIANA VICTORIOSA* - *Fortalece tu fe para caminar más cerca de Dios.* Por Andrés Reina

La luz del mundo

"Otra vez Jesús les habló, diciendo: Yo soy la luz del mundo; el que me sigue, no andará en tinieblas, sino que tendrá la luz de la vida". Juan 8:12

Cuando no conocía a Dios y empecé a leer los evangelios, una de las cosas que más me impactó era la firmeza con la que el Señor Jesús hablaba. Todo el mundo habla de que se cree tal o cual cosa, se supone esto o aquello, todos dicen ojalá, esperemos que, etc. Siempre hay una incertidumbre en las palabras de los hombres, pero en las palabras del Señor Jesús siempre hubo una seguridad impactante, por eso a cada rato Él decía "de cierto de cierto os digo". No salió con que "bueno, esperemos, a ver si sucede, etc." Él nunca utilizó esas frases inciertas para hablar, sino que siempre habló con una firmeza extraordinaria.

"Yo soy la luz del mundo", dice Jesús. No dice "espero ser una luz para ustedes", ¡no! Él dice *"Yo soy la luz del mundo; el que me sigue, no andará en tinieblas, sino que tendrá la luz de la vida"*. ¡Qué increíble!

Con una persona que puede hablar de esta manera con seguridad la gente dice: "a este lo sigo hasta el día que me muera, ¡no lo suelto ni de lo loco!" La firmeza, la seguridad con la que siempre habló debe de impactar en tu vida. Él nunca tuvo ningún tipo de vergüenza, ningún tipo de humildad o falsa humildad sino que el Señor siempre habló de sí mismo diciendo: "Yo soy la luz que alumbra a todos los que viven en este mundo. Síganme y no caminarán en la oscuridad, pues tendrán la luz que les da vida."

Todo lo que Él decía no es de sorprender, porque es todo lo que Él era, Él es el hijo de Dios, es la resurrección y la vida, Él es la puerta, el que por Él entre será salvo, es el pan de vida, el buen pastor, y que Él dijera esto no es lo que sorprende porque es lo que era, pero lo que mas sorprende es lo que dijo de nosotros:

"Vosotros sois la luz del mundo; una ciudad asentada sobre un monte no se puede esconder. Ni se enciende una luz y se pone debajo de un almud, sino sobre el candelero, y alumbra a todos los que están en casa. Así alumbre vuestra luz delante de los

hombres, para que vean vuestras buenas obras, y glorifiquen a vuestro Padre que está en los cielos". Mateo 5:14-16

En este pasaje Él cambia las cosas y te echa a ti la responsabilidad, diciendo *"Vosotros sois la luz del mundo".* ¡Qué responsabilidad! Jesús no te está exhortando a ver si brillas, no está diciendo yo soy la luz del mundo y ustedes traten por favor de reflejar un poquito lo que yo soy. ¡No dice eso!

Él no solamente dice "Yo soy la luz del mundo", sino que también declara "vosotros sois la luz de este mundo", ¡imagínate nada más la responsabilidad! Así que sea que tú estés debajo de un almud, o escondido no sé dónde o no sé qué estés haciendo, Jesús dijo que eres la luz de este mundo. Alumbres o no, brilles o no, estés escondido o no, hagas lo que hagas, estés donde estés, tú eres la luz del mundo, así la estés ocultando, lo eres, ¡porque Jesús lo dijo!

Hay una nueva vida divina plantada dentro de ti. El día que tú aceptaste a Jesucristo como tu Señor y Salvador te convertiste en la luz del mundo. Y déjame decirte que esto es algo terriblemente extraño para el mundo que nos rodea, porque el mundo no conoce la luz que tú tienes. La luz fue diseñada para alumbrar a la humanidad, para mostrar las tinieblas pesadas y gruesas en las que está viviendo la raza humana.

El versículo 16 dice: "Así alumbre vuestra luz delante

de los hombres". Tenemos un mandamiento de parte del Señor, una responsabilidad ante toda la raza humana: ¡alumbrarlos! Quiero que entendamos una cosa, por muchos años se nos ha dicho "no te vayas al mundo, ¡qué feo el mundo!, el mundo no, ¿el mundo? qué asco, alejémonos del mundo", pero, ¿a dónde nos vamos a ir, a Marte, a la Luna?

El Señor no quiere que nos vayamos del mundo, cuando habla del mundo no habla del planeta tierra, sino del sistema que gobierna a la raza humana. Pero si nos alejamos del mundo y nos escondemos de toda esa gente, como algunas religiones que se recluyen del mundo, ¿con qué propósito lo haríamos?

Yo no te voy a decir que ya no te juntes con tus parientes, que ya no te juntes con tu familiar, que ya no andes con tu papá y ya no vayas a la escuela ni al trabajo porque es del mundo. Si nos escondemos del mundo, ¿qué va a ser del mundo? Jesús lo dijo claramente: *"Id por todo el mundo y predicad el evangelio a toda criatura".* Marcos 16.15

¿A dónde hay que ir? A todo el mundo, y ¿qué hacemos nosotros? Nos escondemos, hacemos nuestro propio club de bendiciones, nos protegemos a nosotros mismos, ¿y el mundo? ¿De qué sirve la luz que hay en nosotros si no alumbramos al mundo? No te estoy diciendo que participes de todas las cosas que hacen ellos, que sabemos que están equivocadas, si no que debemos vivir entre ellos y debemos alumbrar al mundo. Porque si no somos nosotros, ¿quién lo va a alumbrar?

Todas las demás religiones no tienen esa luz, están apagadas, solo tú tienes esa luz pues lo dijo el Señor. Si nos escondemos y recluimos dejamos al mundo sin luz. Cuando no le hablamos a otros del Señor, cuando los otros no saben que eres cristiano ni que hay luz en ti, eso minimiza y hace desaparecer el propósito de Dios para tu vida. Jamás fue la intención de Dios que la Iglesia se separe o se esconda del mundo, sino que brille en medio de ellos. No te estoy diciendo que vayas al boliche a brillar, ni que te vayas a emborrachar con otros para brillar, no estoy diciendo esas tonterías. Pablo nos ayuda a entender cómo se hace esto, en Romanos 14:17: *"Porque el reino de Dios no es comida ni bebida, sino justicia, paz y gozo en el Espíritu Santo"*.

De acuerdo a lo que acabamos de leer, ¿qué es el reino de Dios? La biblia dice que el reino de Dios es justicia, paz y gozo en el Espíritu Santo, y eso tiene que gobernar nuestras vidas. ¿Cómo brillamos? Lo conseguimos cada vez que hacemos lo justo y lo correcto, lo logramos cada vez que decides en tu interior diciendo: "no voy a hacer esto, no voy a participar en aquello". Tú sabes lo que es correcto y lo que no, lo que es bueno y lo que no.

¿Qué más tiene que reinar en nuestra vida? Paz, esa

verdadera paz que solo Dios nos puede dar. Una paz que diga "no me voy a preocupar, yo sé que Dios tiene poder para cambiar la situación que estoy viviendo y convertirla en bendición". La paz que sólo Dios nos puede dar es una profunda quietud interna en nuestro espíritu aún en medio de situaciones conflictivas. Si hay contradicciones, y si hay críticas, no importa, estamos en paz.

"Estas cosas os he hablado para que en mí tengáis paz. En el mundo tendréis aflicción; pero confiad, yo he vencido al mundo". Juan 16: 33

Si hay algo que tiene que gobernar nuestras vidas no solo es la justicia, sino la paz del Señor. Cuando estás preocupado, cuando tienes los nervios de punta y no puedes dormir en la noche es porque no tienes paz en el Señor.

Pero hoy mismo te puedes llevar una revelación de Dios para tu vida y es ésta, dice Jesús: *"Estas cosas os he hablado para que en mí tengáis paz, en el sistema del mundo van a tener aflicción, porque vivimos en este sistema, pero confiad"*, dice el Señor, "yo he vencido al sistema. Estas cosas las digo para que tengan paz".

Puedo estar siendo acusado de mil cosas, puedo estar con miles de deudas, pero puedo resolver cada una de estas preocupaciones en la paz que Él me da, con esa quietud profunda en mi espíritu.

Es tan fácil preocuparnos, angustiarnos y desesperarnos. De esta manera dejamos que entre el temor, la angustia y todos esos demonios para atormentarnos cuando algo sale mal. En vez de eso deberíamos revisar nuestra actitud y preguntarnos: "¿qué querrá el Señor enseñarme con esto?" Te recuerdo que Dios es luz y no sólo eso, sino que tiene un plan eterno para cada uno de nosotros. El Señor siempre va a hacer que su luz brille en medio de tus tinieblas, el Señor siempre va a hacer que esa luz brille y se propague, porque cuando enciendes la luz las tinieblas desaparecen.

El plan del diablo siempre será disminuir la obra de Dios en tu vida, y ha logrado hacer esto con la raza humana a través de los años para que vivan en tinieblas en vez de vivir en la luz. Tú y yo se supone que estamos viviendo en la luz del Señor.

Mira lo que dice el siguiente pasaje: *"Y la paz de Dios, que sobrepasa todo entendimiento, guardará vuestros corazones y vuestros pensamientos en Cristo Jesús"*. Filipenses 4:7

Mira para qué me sirve la paz del Señor. Primero que todo, esta paz sobrepasa el entendimiento humano. Pero la realidad es que no puedo tener paz en medio de deudas, no puedo tener paz cuando viene el doctor y me dice "parece que usted tiene leucemia y le quedan 3 semanas de vida". De acuerdo a mi mente no puedo tener paz cuando vienen a decirme "le vamos a embargar la casa". No puedo tener paz cuando me dicen "a tu hijo le pasó no se qué cosa y está grave", pero la paz del Señor sobrepasa todo entendimiento, y esa paz guardará vuestros corazones y pensamientos.

Entonces ¿qué es la paz de Dios? Es un guardia, es un guerrero armado hasta los dientes que me cuida de angustias, de temor, de desesperación, de taquicardias y de toda la porquería que hay en este mundo. Esta paz que la gente de este mundo no alcanza a comprender, protege el corazón y el entendimiento de los que ya son de Cristo. La paz es la que guarda mi corazón, es mi protectora, y esto quiere decir que el enemigo tendrá que pelear contra el guarda armado que está en la puerta de mi vida antes de que pueda entrar y destruirme.

La paz del Señor guarda tu corazón. Cada vez que el diablo quiera entrar en tu vida va a tener que pelear contra ese guarda que se llama la paz de Dios. Y si tú cedes, él te gana, pero si tú no cedes no solo que no te va a ganar, sino que vas a salir adelante en cada ocasión. Así que recuerda que antes de que te pueda tocar, Satanás tiene que derrotar a tu guardia. La paz que guarda a Dios es la misma paz que guarda mi vida. Jesús dijo: *"Mi paz os doy, mi paz os dejo"*. Él estaba diciendo: "mi guardia te doy, mi guardia te dejo."

¿Alguna vez viste a Jesús nervioso cuando lees los evangelios? ¿Acaso viste a Jehová de los ejércitos temblar ante alguna circunstancia? ¿Hay algún versículo en que Dios diga "y si el diablo se vuelve a meter al cielo y produce otra revolución"? ¿Alguna vez viste a Dios morderse las uñas de los nervios? No hay lugar para nerviosismo, ¡no hay lugar para preocupaciones!

La misma paz que guarda a Dios es la misma paz que me guarda a mí, y esto es algo que el mundo no conoce. Recuerdo que me decía mi papá: cómo puedes estar en paz si estás dejando la escuela, el trabajo, ¡todo para ir a leer ese libro!

Es que la biblia dice lo siguiente: *"La paz os dejo, mi paz os doy; yo no os la doy como el mundo la da. No se turbe vuestro corazón, ni tengan miedo"*. Juan 14:27

Mi guardia te dejo, dice el Señor, para que no permita ninguna de estas cosas: turbación, miedo, angustia ni desesperación. Ninguna de estas cosas puede derrotar al guardia de Dios que hay en ti. Creo que como hombres hemos fallado en entender a Jesús ¿y sabes por qué? Porque la luz que había en nosotros en realidad eran puras tinieblas y no había ninguna luz. ¿Cuántas veces acusaron a Jesucristo? Veamos lo que dice en el libro de Mateo:

"Vino el Hijo del Hombre, que come y bebe, y dicen: He aquí un hombre comilón, y bebedor de vino, amigo de publicanos y de pecadores. Pero la sabiduría es justificada por sus hijos.

Entonces comenzó a reconvenir a las ciudades en las cuales había hecho muchos de sus milagros, porque no se habían arrepentido, diciendo:

¡Ay de ti, Corazón! ¡Ay de ti, Betsaida! Porque si en Tiro y en Sidón se hubieran hecho los milagros que han sido hechos en vosotras, tiempo a que se hubieran arrepentido en cilicio y en ceniza.

Por tanto os digo que en el día del juicio, será más tolerable el castigo para Tiro y para Sidón, que para vosotras.

Y tú, Capernaum, que eres levantada hasta el cielo, hasta el Hades serás abatida; porque si en Sodoma se hubieran hecho los milagros que han sido hechos en ti, habría permanecido hasta el día de hoy.

Por tanto os digo que en el día del juicio, será más tolerable el castigo para la tierra de Sodoma, que para ti". Mateo 11:19-24

Jesús siempre entraba a la casa de los pecadores para comer con ellos. Él iba no a emborracharse, sino a comer y a beber como lo hacemos todos. La cosa es que en todas estas ciudades lo habían rechazado, lo habían criticado y lo habían señalado. Pero en el versículo 25 mira cómo respondió Jesús a las críticas de los demás: *"Respondiendo Jesús, dijo: Te alabo, Padre, Señor del cielo y de la tierra, porque escondiste estas cosas de los sabios y de los entendidos, y las revelaste a los niños".*

No sé en qué situación estés hoy, pero levanta tu voz y di: Te alabo Padre. Esa fue la respuesta de Jesús a la crítica. Al Señor nada lo movía, nada lo preocupaba, nunca lo vimos afanado, transpirando de preocupación y pensando "¿y ahora qué hago? ¿Y ahora qué va a suceder?" En su espíritu siempre gobernó la paz de Dios, ¿podrá gobernar la paz de Dios nuestros corazones?

A estas alturas tal vez me digas: "Ay hermano, qué difícil me la está poniendo", y entonces ¿para qué nos dio el Señor ese guardia? ¿Qué estamos haciendo con la paz de Dios?

La noche anterior a que se desatara el infierno contra el Señor Jesús vino uno y lo negó, vino otro y lo vendió, y todavía vino uno más que sacó la espada y le cortó la oreja a uno de los soldados. Los amigos de Jesús se fueron, todos lo abandonaron. Los guardias en el huerto de Getsemaní dijeron ¡estamos buscando a Jesús! Y él no trató de esconderse, sino que salió de en medio de todos y dijo "yo soy". Esto demuestra una seguridad absoluta.

Por eso Pablo en Filipenses dice que la paz de Dios sobrepasa todo entendimiento, porque el mundo no puede entender por qué no estás nervioso. El mundo no puede entender tu proceder, porque es la paz de Dios que gobierna tu corazón. Volvamos al versículo en el evangelio de Juan: *"Estas cosas os he hablado para que en mí tengáis paz. En el mundo tendréis aflicción; pero confiad, yo he vencido al mundo"*. Juan 16: 33

¿Qué está haciendo Jesús? Está trazando un contraste tremendo, una línea divisoria entre el mundo y tú, está diciendo que hay una diferencia que nos aparta de todo el mundo y ésa es la paz. Jesús está diciendo: "en este sistema en el que ustedes están viviendo siempre va a haber conflictos, va a haber guerras, y cada día surgirá algo nuevo de qué preocuparse, pero en mi tendrán paz".

¿Qué ha hecho el Señor? Nos ha puesto en el mundo, donde verdaderamente tenemos que estar, y donde constantemente debemos lidiar con todo tipo de aflicción, de presión, reclamos, calamidades y tantas cosas, pero estamos manteniéndonos del lado del Señor Jesucristo y así estamos en paz en medio de toda esta locura.

En el reino de los cielos están preocupados por 3 cosas: que haya justicia, que haya paz y que haya gozo. Ahora bien, quiero hacerte una pregunta: En la iglesia del Señor, en la cual estás hace tantos años, ¿has visto justicia, paz y gozo o has visto en su lugar todo lo contrario?

Esta revelación tiene que venir a nuestra vida hoy, quitarnos el velo y que podamos decir "voy a vivir en justicia, voy a empezar a hacer lo correcto todos los días de mi vida, voy a empezar a vivir con este guardia que me cuide y que proteja mi corazón para empezar a disfrutar la vida, voy a empezar a sonreír y dejar de escuchar esas noticias en la televisión que a diario me roban la paz". La justicia, la paz y el gozo del Señor deben gobernar nuestras vidas.

¿Te das cuenta lo privilegiado que somos de haber permitido que Dios venga a nuestra vida para revelarse a sí mismo y para que nos inunde con justicia, paz y gozo?

¿Qué es la iglesia? ¿Qué somos nosotros? ¿Somos acaso un grupito que formamos el club de las bendiciones? ¿Somos acaso simples fanáticos? ¿Qué somos? ¡La iglesia es la sucesora del Señor Jesús en este planeta! No somos cualquier cosa, no somos religiosos, no somos una secta, somos los sucesores del Señor Jesucristo. Somos un asentamiento humano puesto por Dios en medio del territorio invadido por Satanás.

La iglesia es una colonia del cielo en la tierra, estamos puestos aquí para recuperar el territorio perdido. Satanás es un ilegal, un pobre ángel caído, rebelde, es un invasor, y nosotros tenemos la tarea de recuperar todo lugar que pise la planta de nuestros pies. Y déjame decirte que Satanás es impotente contra nosotros, no nos puede detener. ¿Cuántos hombres han dicho de parte del diablo que la iglesia en 100 años no va a existir y que la biblia va a desaparecer? Esto no solo que no ha sucedido, sino que cada día la Iglesia va fortaleciéndose, ganando territorio y arrebatando las almas humanas en el nombre de Jesucristo. Veamos ahora el siguiente pasaje:

"Haced todo sin murmuraciones y contiendas, para que seáis irreprensibles y sencillos, hijos de Dios sin mancha en medio de una generación maligna y perversa, en medio de la cual resplandecéis como luminares en el mundo". Filipenses 2:14-15

Aquí básicamente nos está diciendo: "dejen de pelearse". También nos indica que nos tenemos que meter al mundo a brillar. Dice que estamos no fuera, sino en medio de una generación maligna. Así que el llamado no es para que brillemos en la luna ni en un monasterio.

Entonces, ¿Para qué estás en este mundo? Para brillar, para mostrarle a todos la luz que hay en ti, para que todo hombre la vea. Por un lado el Señor está desafiando la rebelión de Satanás, y por otro lado está mostrándoles lo vacía que es esta vida sin Él. Tu vida tiene que mostrar eso, debe mostrarle a todo el mundo que sus vidas están vacías y la tuya está llena. Hay que proclamar las buenas noticias para ver si se vuelven a la luz, porque si se vuelven a la luz van a ser libres de las tinieblas que hay en este mundo.

¡Por eso mismo Satanás te odia! No hay a nadie a quien el diablo odie más que a ti, que formas parte de la

Iglesia del Señor. Satanás nos aborrece y no nos soporta, porque cada día le robamos todos sus prisioneros. A él le encantaría apagarnos y le gustaría dividirnos. Pero yo no lo voy a dejar, no me va a dividir, no dejes que te divida. Tú y yo somos una espina para el diablo, una espina encajada, una fuerte irritación y una fuente de molestia para él.

Mira la orden de Jesús a sus discípulos, a Su Iglesia: *"Y les dijo: Id por todo el mundo y predicad el evangelio a toda criatura"*. Marcos 16:15

Este es nuestro privilegio, es nuestro deber. Jesús no dijo "sálganse del mundo", sino todo lo contrario: ¡dijo id a todo el mundo! El mundo es nuestro campo de trabajo, en la ruta, en el supermercado, en la fábrica, en la cocina, en el geriátrico, en la universidad: Dios nos pone ahí para que brillemos.

"La luz en las tinieblas resplandece, y las tinieblas no prevalecieron contra ella". Juan 1:5

Ahí está la buena noticia: por más tinieblas que haya, lo único que tienes que hacer es brillar. Justicia, paz, gozo del Espíritu Santo. Cuando tú te relacionas con el Señor Jesús tus victorias siempre van a estar aseguradas. Recuerda que Él dijo "confiad, yo he vencido al mundo".

"No hablaré ya mucho con vosotros; porque viene el príncipe de este mundo, y él nada tiene en mí". Juan 14:30

El Señor afirma que el diablo no tiene ningún pensamiento, ni sentimiento, ni tampoco ninguna emoción en él. Pero déjame preguntarte el día de hoy: ¿qué tiene el diablo en ti? ¿Qué parte de tu vida ha invadido? ¿Tus emociones, tus sentimientos, tus pensamientos, tu alma, tus necesidades? ¿Qué cosa? Si hay algo, entonces ¡eso se lo tenemos que arrebatar!

Jesús dijo que las obras que Él hizo las haríamos nosotros y aún mayores. Esta es la primera vez que alguien dice algo así desde Adán y Eva, y porque Él lo dijo nosotros podemos llegar a atrevernos a decirlo también. Ese diablo no tiene nada en mi, porque lo que es nacido de Dios vence al mundo.

"En esto se ha perfeccionado el amor en nosotros, para que tengamos confianza en el día del juicio; pues como él es, así somos nosotros en este mundo". 1 Juan 4:17

Somos la luz de este mundo, y el diablo no tiene nada en nosotros. ¿Cómo podemos entonces glorificar a Dios? No saliéndonos del mundo sino brillando su luz en este mundo. Tú no vas a ir al cielo a glorificar a Dios, vas a ir a adorar a Dios. El lugar para glorificar a Dios es aquí en la tierra. Deja que la paz del Señor gobierne tu corazón.

¿Qué te parece si empezamos de nuevo, de cero? Hagamos como si fuera la primera vez que escuchamos la palabra de Dios, verdaderamente le permitamos a Él entrar y gobernar nuestra vida entera. Que a partir de hoy el diablo no tenga nada de mí ni tampoco de ti, sino al contrario, le rindamos nuestra vida entera al Señor. Que en este día puedas decir: A partir de hoy voy a ser la luz de este mundo y la sal de la tierra, voy a dejar que el Señor brille a través de mi vida, en cualquier ámbito en el que esté y en cualquier lugar donde haya seres humanos. Voy a representar a la Iglesia de Jesucristo sabiendo que las tinieblas no van a prevalecer contra ella.

Haz conmigo esta oración: Señor, quiero pedirte que me perdones todos mis pecados, quiero pedirte que entres y recuperes todas las áreas y todos los rincones de mi vida. El día de hoy contigo a mi lado venzo al enemigo de mi alma, a Satanás, y le arrebatamos todos los territorios que le he rendido. Señor, enciéndeme con tu luz y que todas las tinieblas que hay en mi sean esparcidas, límpiame con tu sangre preciosa y lávame con tu palabra. Hoy declaro y confieso con mi boca que Jesús es mi Señor y salvador, creo en mi corazón que Dios Padre lo levantó de entre los muertos y el día de hoy está sentado a la diestra del Padre, y está sentado en el trono de mi vida para gloria de Dios. Hazme una nueva criatura, inyecta en mi tu naturaleza divina, derrota mi naturaleza caída, Señor, que la ley del Espíritu de vida en Cristo Jesús gobierne y venza a la ley del pecado y de la muerte. Te pido señor que tu paz descienda sobre mi y guarde mi corazón y mis pensamientos. En el nombre de Jesús, amén.

A partir de hoy sabes que has nacido de nuevo y tienes una nueva naturaleza, tienes un guarda en tu corazón que guarda tu mente y todos tus pensamientos.

Extraído del libro: **CERCA DE JESÚS** - *Acércate a la cruz y serás cambiado para siempre.* Por Jorge Lozano

El Evangelio de los Pobres

Una característica de la vida española que asombraba al extranjero en aquellos tiempos era la extremada pobreza de las clases trabajadoras. Don Fernando de los Ríos, el distinguido escritor que más tarde fue embajador en los Estados Unidos, hablando por radio el 30 de diciembre de 1936, expresó la terrible impresión que le causara durante la campaña electoral del mes de febrero anterior, el verse rodeado, en Granada, por una multitud hambrienta que pedía pan a gritos.

Cuando los ingresos de la familia no alcanzan para proporcionar alimentos, no hay que pensar en alquileres, y la gente se ve obligada a vivir en cuevas que ellos mismos cavan en las laderas de las montañas.

De una de esas colonias en las afueras de Madrid tomó doña Lidia una sirvienta que se consagró devotamente a ella mientras la tuvo a su servicio. Halló también habitantes de esas cuevas en los cerros de Cuenca, la ciudad en cuya catedral se quemó la imagen de la virgen. La hierba, ennegrecida por el humo de sus fogones de aulagas, revelaba la existencia de esos primitivos habitáculos que, por remotos que estuvieran de las habitaciones humanas, no estaban fuera del alcance de la simpatía del misionero, y a esa comunidad troglodita debía ella llevar el mensaje de vida. Con grandes ojos asombrados escuchaban el extraño y nuevo ofrecimiento de una salvación sin dinero y sin precio.

La enfermedad es a menudo hija de la pobreza. En Madrid el índice de mortalidad es muy alto, debido en parte al viento traicionero que sopla de las nieves eternas de los montes de Guadarrama, distantes unos sesenta kilómetros. Su soplo helado, tan suave que no podría apagar una vela, es peligrosamente penetrante cuando uno está transpirando al calor del sol. La vitalidad disminuida que resulta de la desnutrición, no puede hacer frente a su insidioso ataque, y con frecuencia sobreviene la muerte por neumonía en veinticuatro horas. Frecuentemente acontece que no se llama al médico hasta que el paciente está ya fuera de todo auxilio humano. (Conviene recordar que la autora está escribiendo del panorama español de hace más de un siglo.)

El doctor Brooks, padre de la señora Wirtz, fue muchas veces a España, llevando grandes cantidades de medicinas, que repartía gratuitamente entre los pobres, y los enfermos colmaban su casa en busca de atención, médica. Casi sin excepción sus dolencias eran resultado de las privaciones, y el doctor terminaba exclamando: "¡Esta gente necesita comida, no remedios!" Sin embargo, en la misericordia de Dios, pudo salvar una cantidad de vidas, ayudando su hija a los convalecientes con donativos de las cosas necesarias.

Algunos años más tarde la hija de doña Lidia, Elena, después de obtener el título de licenciada en medicina en Londres, pasó dos años y medio en España ayudando a los pobres. Su ambición era establecer una misión médica, pero el fracaso de su proyecto le indicó que la vocación de su vida estaba en otra esfera.

Sirviendo al Señor en su pobreza

Pobres como son, la mayoría de los cristianos evangélicos españoles, se gozan en hacer todo lo que está a su alcance para ayudar a la difusión del evangelio que ha llenado sus vidas de gozo. En cierta aldea de Galicia, doña Lidia halló que las amenazas del cura le habían cerrado todas las puertas, pero una pobre familia cristiana, que vivía en una sola habitación, encima de una taberna, ofreció su humilde albergue para las reuniones. El único medio de acceso era una carcomida escalera que partía de la taberna, pero como no se pudo hallar nada mejor, sirvió para empezar, utilizándose para reuniones de oración mientras se pudiera hallar un lugar más espacioso y adecuado. Desde el principio la gente se agolpaba, llenando el cuarto y la taberna abajo, ansiosa de escuchar la Palabra de Dios sin ser vistos por el cura.

Después de un tiempo doña Lidia preguntó, una noche, si alguien quería testificar, levantando la mano, si deseaba recibir a Cristo, o hacer su primera confesión pública de fe en Él. Una de las que lo hicieron fue Ramona, la esposa de un joven agricultor, y le costó un gran esfuerzo dar su testimonio en una habitación llena de gente y delante de todos sus vecinos. Pero había uno para quien su actitud significó mucho. Fuera del alcance de su vista, en la escalera, estaba José, su esposo, y la vio hacer su profesión de fe.

—¿Por qué no me dijiste que ibas a levantar la mano en la reunión?— preguntó José.

—¿Cómo podía saber yo que doña Lidia iba a pedir tal testimonio?— respondió la esposa.

Entonces sucedió lo inesperado. "Ramona" —exclamó el esposo—, "yo quería hacerlo lo mismo, pero me faltó coraje. Es una lástima; tú y yo debiéramos haber confesado juntos, nuestra fe ya que el Señor en su misericordia nos ha salvado a ambos."

Atajando prudentemente la corriente de inútiles lamentaciones, Ramona dijo: "Dios está aquí, José, oremos juntos a él ahora". Y en la soledad de la noche cantaron y oraron e hicieron planes. Aquella reunión había sido la última en el pequeño cuarto encima de la taberna, pues el cortijero y su esposa ofrecieron la gran cocina de su casa, que podía contener trescientas personas. Pronto ésta se vio también colmada, como lo había estado el pequeño cuarto, y contempló el nacimiento espiritual de muchas almas.

Entre los que asistían con regularidad estaba un hombre anciano que frecuentemente parecía muy impresionado, pero que nunca podía ser llevado a tomar una decisión. A veces se quedaba después de la reunión para conversar, y el señor Milne, que permaneció un tiempo en Marín después de la revuelta de Estribela, le dedicaba mucho tiempo, instándolo a entregar su vida a Dios, pero sin resultado.

Un día el hombre descubrió el motivo de su continua rebeldía. Demasiado viejo para poder trabajar mucho, suplementaba sus escasos medios de vida robando pinos jóvenes para el fuego, en los bosques pertenecientes a los ricos propietarios, una forma de hurto que se practica comúnmente. Las clases trabajadoras eran demasiado pobres para comprar carbón, el cual sólo era utilizado por los herreros y los ricos. Los demás quemaban agujas, conos y astillas de pino, que en algunas partes les estaba permitido recoger en los bosques. Todos los niños tenían que ocuparse de rastrear el suelo en busca de combustible. Pero siendo el calor una de las necesidades elementales de la vida, la gente había desarrollado hábitos lamentables- Un tejedor le mostró en cierta ocasión a doña Lidia, como prueba de su conversión, el primer pino que había comprado en su vida, para combustible.

Deseoso de salvación, pero no estando dispuesto a dejar ese ilícito medio de vida, el anciano continuaba resistiendo los impulsos del Espíritu. Doña Lidia le exhortó a buscar primero el reino de Dios y su justicia, acogiéndose a la promesa de que todas las cosas necesarias le serían dadas por añadidura; pero temiendo aventurarse permitió que vencieran las consideraciones mundanas. Dolores, la lectora bíblica, lo visitó en su última enfermedad y le instó a reconciliarse con Dios, pero para entonces ya estaba sordo a todo ruego, murió blasfemando.

Muerte triunfal del granjero José

Por extraña coincidencia, en la misma semana murió José, ¡pero cuan diferentes fueron sus últimas horas! Doña Lidia había estado ausente en esa oportunidad, y al volver, mientras subía por el viejo camino en la montaña, pensaba en qué términos podría consolar mejor a la joven viuda que probablemente habría sido advertida por el cura de que su pérdida era un castigo por su cambio de religión. Pero el fin de José había sido tan radiante que al verla afirmó confiadamente: "¡Oh, doña Lidia, no fue una muerte, fue una entrada al cielo." Le explicó que, llamando a sus vecinos junto a su lecho, les había instado a entregarse al Salvador, como él y su esposa lo habían hecho.

"Amigos —habíales dicho—, voy al cielo tan libre de culpas como si nunca hubiera pecado, tan completamente ha limpiado mi alma la sangre de Cristo."

El crecimiento en conocimiento y gracia, de José, había sido tal que pudo dar este testimonio sólo después de seis meses de experiencia cristiana. Antes de su conversión había tocado el tamboril en las procesiones de la Iglesia Romana. Después de haber hallado a Cristo quiso vender el tamboril, pero alguien le dijo: "No, guárdalo hasta que Dios dé plena libertad en España para tener reuniones al aire libre."

Hubo que vencer, como de costumbre, las dificultades que se presentaban para el entierro de un disidente, y durante tres días el cadáver de José permaneció sin sepultura. Finalmente, un amigo donó una parcela de tierra que contó con la aprobación de las autoridades y se formó un cementerio para la región. Desde entonces ha sido ampliado, y allí descansan ahora los cuerpos de cerca de doscientos evangélicos.

Las bendiciones que comenzaron en el humilde aposento sobre la taberna han continuado hasta hoy. Ramona educó a sus hijos en la amonestación del Señor, y todos son miembros de la capilla de Santo Tomé, construida por los vecinos. Uno de los hijos es superintendente de la Escuela Dominical y un buen predicador del evangelio.

Un Moderno Nicodemo

El evangelio de la gracia de Cristo no sólo es aplicable a individuos de todas las naciones y tribus y lenguas, sino que, venciendo todos los obstáculos, supera también las barreras que el mismo hombre construye. Carlos Wesley creía que las palabras de Jesús: "todo aquel", podían ser interpretadas al pie de la letra, y exclamó:

"¡Oh, si el mundo viera y probara
Las riquezas de su gracia!
El abrazo de amor que hoy me rodea,
A la entera humanidad estrecharía."
A aquellos que dirigían contra Él sus ataques, en los días de su carne, Jesús les dijo: "No queréis venir a mí para que tengáis vida", y cuando estaba a punto de volver a su Padre, encargó a sus discípulos que predicaran el evangelio a toda criatura.

Fue don L. Moody quien, con su asombroso don para

entender la naturaleza humana, comprendió la reacción probable de Pedro ante tal mandamiento.

"Puedo imaginar —dijo— a Pedro respondiendo: 'Señor, ¿quieres decir realmente que debemos predicar el evangelio a toda criatura'? 'Sí, Pedro.' '¿Debemos volver a Jerusalén y predicar el evangelio a aquellos que te asesinaron? 'Sí, Pedro, id, buscad al hombre que me escupió en la cara; decidle que yo le perdono; que en mi corazón no hay más que amor para él. Id, buscad al que puso sobre mi frente la cruel corona de espinas; decidle que tengo preparada para él una corona en mi Reino, si quiere aceptar la salvación; una corona sin espinas, que podrá usar por siempre jamás en el reino de su Redentor. Buscad al hombre que me arrancó la caña de las manos y me golpeó en la cabeza, hincando más profundamente las espinas en mi sien. Si él quiere aceptar la salvación como un presente, yo le daré un cetro y regirá sobre naciones en la tierra. Id, buscad al hombre que me abofeteó; encontradlo y predicadle el evangelio; decidle que la sangre de Jesús limpia de todo pecado, y que mi sangre fue derramada por él gratuitamente. Id, buscad a aquel pobre soldado que me clavó la lanza en el costado; decidle que hay un camino más corto que ese para llegar a mi corazón. Decidle que le perdono gratuitamente; y decidle que le haré un soldado de la cruz, y mi bandera sobre él será amor."

Por más imaginación que haya puesto en la escena el autor, está completamente en armonía con el espíritu de Cristo. Aun sus propios asesinos podrían haber disfrutado del perdón gratuito y pleno, si lo hubieran buscado en él, quien, con divina compasión amonestara tristemente a la ciudad que lo rechazaba: "¡Cuántas veces quise... mas no quisisteis!"

A través de los siglos se han producido innumerables pruebas de que su amor no ha disminuido ni ha cambiado, y que aún se interesa por los que son sus peores enemigos. Para él, son almas errantes por las cuales murió, y por medio de su espíritu continúa buscándolas para salvarlas.

El Reverendo don Castor Miranda encuentra la luz

De ello, don Castor Miranda de Quirós es un brillante ejemplo. Sacerdote de Santa Comba y rector de su parroquia, era amigo íntimo del Arzobispo de Santiago, que instigara tan crueles persecuciones contra los misioneros y convertidos protestantes. Si don Castor apoyaba esas medidas, ello era debido, sin embargo, no tanto a un espíritu vengativo como a ignorancia. Su actitud hacia los disidentes era la que Jesús predijo al decir: "Llegará tiempo cuando cualquiera que os matare pensará que hace servicio a Dios," No era hombre de pensamientos y acciones bajas como, por desgracia, lo son tantos de sus colegas, y era muy amado por sus feligreses, hacia quienes mostraba una bondad ilimitada.

Como maestro ordenado de religión, tenía conciencia de que le faltaba luz para iluminar los problemas de su propia alma; y poseído por un agudo sentido de pecado, a menudo temblaba ante la santidad de Dios en el momento de oficiar el Sacramento del altar. Tanteando así entre la niebla del miedo y la incertidumbre, don Castor andaba a tropezones, sin comprender que la turbación de su alma era debida a la benéfica operación del Espíritu de Dios, que habría de conducirlo finalmente a un lugar llamado Calvario, donde hallaría perdón, paz y gozo.

Estudiaba con asiduidad la Biblia católica en castellano, traducida por el Padre Scio, de la Vulgata latina. En cuanto a la Biblia española protestante, traducida por don Cipriano de Valera, el arzobispo le había dicho que era una invención de Martín Lutero, llena de mentiras. Cuando oyó, pues, que se estaba vendiendo en Pontevedra, halló el medio de procurarse un ejemplar, a fin de poder confrontarla con la católica. Comparando las dos versiones, hizo el sorprendente descubrimiento de que eran muy semejantes. ¿Por qué, pues, esos terribles ataques contra los protestantes y su Biblia? Habiendo llegado a esta posición, un hombre del temperamento y las dotes de don Castor no podía dejar así las cosas; sabía que no hallaría descanso hasta que no se sintiera en terreno seguro.

Mientras tanto, el nombre de don Tomás Blamire

estaba en boca de todos sus feligreses, y descubrió así que este misionero protestante estaba predicando todas las noches, en un salón lleno por completo, en Pontevedra, La curiosidad lo llevó al salón evangélico, y desde afuera, refugiándose en la oscuridad, escuchó los cánticos, en los cuales palpitaba un gozo desconocido en los servicios de su propia iglesia. En el aire de la noche flotaban palabras que se apoderaron de él y despertaron ansias inusitadas:

"Ven al Salvador, sin demorar,
En Su palabra Él nos muestra el camino."
Nadie vio la figura que se deslizaba sin ruido entre las sombras, salvo Aquel, que era el Camino que el sacerdote anhelaba encontrar. Después de muchos oscuros días de lucha mental y espiritual, decidió que, de alguna manera, debía escuchar al predicador protestante; pero le costó largas y cuidadosas deliberaciones por encontrar la manera de realizar su deseo. Según los principios de su iglesia, en aquellos tiempos ninguna medida punitiva hubiera sido considerada demasiado severa para uno de sus ministros que hubiera sido hallado en tan herética compañía, en caso de ser descubierto. Sin embargo, su afán era tal que no se dejaba amilanar, y le llevó finalmente a disfrazarse de mujer. Escogiendo una noche de lluvia como la más adecuada para su propósito, este Nicodemo del siglo veinte se echó sobre la cabeza un gran chal y con sus propias largas

faldas para completar la ilusión, se dirigió al local evangélico.

Con magnífica temeridad, pero segura confianza, llamó a la puerta del pastor, acudiendo la señora Blamire, quien valerosamente admitió en la casa al extraño y misterioso personaje. Revelando su identidad, le rogó que le ocultara en algún lugar desde el cual pudiera escuchar la predicación de su esposo. Un detalle significativo de la aventura es que, aunque hubiera revuelto el mundo entero, don Castor no hubiera hallado un edificio mejor adaptado a su intento. La señora Blamire fue en busca de su esposo, quien recibió al sacerdote en la forma más amistosa, y lo condujo al piso superior, donde estaba el comedor justamente encima del salón de reuniones. En la parte del piso de madera que daba exactamente sobre el púlpito, el señor Blamire cortó un pedazo de tabla y le ató una cuerda para que pudiera ser levantado a voluntad, como una trampa, y allí, oyendo con tanta claridad como cualquiera que estuviera abajo en el salón, un personaje oculto se inclinaba noche tras noche escuchando ansiosamente el mensaje del evangelio, que brotaba de labios del predicador.

La excitación espiritual que experimentaría el pastor Blamire al pensar en el oyente invisible que tenía arriba, puede fácilmente imaginarse, ya que pesaba sobre él la responsabilidad de presentar a Cristo a alguien cuya importancia estratégica para su Reino no podía ser exagerada.

Eran aquellas, horas críticas para el sacerdote, que veía desbaratadas una por una creencias profundamente arraigadas en él durante más de medio siglo. Nunca, hasta entonces, se le había ocurrido discutir las enseñanzas de su iglesia, cuyas doctrinas, particularmente la de la salvación por la misa, eran muy diferentes al sencillo evangelio, según empezaba a comprender.

La iglesia católica romana publica folletos que llevan su imprimatur, en los cuales se dan estas siete razones para oír misa:

1. Preserva de muchos peligros y desgracias que de otro modo le podrían sobrevenir a uno.
2. Disminuye la pena temporal por los pecados.
3. Cada misa que se oye acorta el tiempo que uno ha de pasar en el Purgatorio.
4. En la hora de la muerte, las misas que uno ha oído serán su mayor consuelo.
5. Cada misa lo acompaña a uno ante el Juicio y es un ruego de perdón.
6. Una misa oída por uno mismo en vida, será de mucho más beneficio para su propia alma, que muchas misas que otros escuchen por él después de muerto.
7. Se alcanza un grado superior de gloria en el cielo, si se ha escuchado un gran número de misas.

A menudo, tratando de demostrar que las doctrinas del valor expiatorio de la misa, y de las indulgencias para librar almas penando en el purgatorio son prácticamente una negación de la eficacia de la completa expiación realizada por el Redentor en el Calvario, doña Lidia cogía una flor y decía a sus oyentes: "Ved su hermosura y perfección. Todas las obras de Dios son perfectas y es imposible tratar de mejorarlas. Lo mismo es Su amor inigualable al darnos un Salvador perfecto. Recibiéndole a Él no podéis perecer."

Desde su escondite el sacerdote oía hablar de una salvación completa y gratuita. Frecuentemente percibía las palabras: "La sangre de Jesucristo, el Hijo de Dios, nos limpia de todo pecado", y "El que cree en el Hijo tiene vida eterna". Escuchaba también testimonios de españoles que habían hallado a Cristo y se regocijaban en haber llegado al conocimiento de que "ninguna condenación hay para los que están en Cristo Jesús".

Mientras andaba las pocas millas que separan a Pontevedra de Santa Comba, aquel extraño personaje disfrazado libraba una batalla que es tan antigua como el hombre mismo. Diariamente buscaba en su Biblia los pasajes que había oído exponer, y de día en día se convencía más de que lo que había oído era la verdad. Cuando al fin irrumpió en su alma la visión celestial, no pudo guardarlo en secreto, y su primer convertido fue Camila, su ama de llaves, a quien, junto con una hermana suya había sacado de la Inclusa, una casa de caridad, donde niños abandonados son criados por monjas.

Pasó algún tiempo antes de que se atreviera a decirle a su viejo amigo, el arzobispo, que había cambiado los ritos de su iglesia por la gloriosa luz y libertad de la fe en Cristo. Pero pasados doce meses, no pudo ya seguir siendo un discípulo secreto, y escogiendo, como Moisés, padecer aflicción con el pueblo de Dios, rogó que se le permitiera dar su testimonio en público, y el señor Blamire gozosamente le cedió el púlpito con tal propósito. Poco después fue bautizado junto con otros convertidos, y más tarde el salón se vio colmado un día por la concurrencia que acudió a presenciar su casamiento con Camila.

Habiéndose separado así de la Iglesia de Roma, se vio obligado a buscar otros medios de vida. En la escuela evangélica de varones, en Marín, hacía falta un maestro, y don Castor fue nombrado para ocupar ese puesto, responsabilizándose el doctor Brooks por su salario, ya que en esa época la misión no estaba en condiciones de sostenerlo.

Preso y libertado

Gran excitación causó en Pontevedra la 'apostasía' del cura, y subsiguientemente el Arzobispo de San-tiago lo expulsó de su parroquia y envió la policía a prenderlo mientras estaba predicando en el salón. El recuerdo de esa triste ocasión perdurará en la memoria de doña Lidia.

Tranquilamente don Castor permitió que lo llevaran, sin saber lo que sería de él. Conducido a la cárcel de Pontevedra, lo pusieron en la misma celda con un delincuente común; pero, como los apóstoles de antaño, él se consideraba, dichoso de poder sufrir por el nombre de Jesús. En aquellos aciagos tiempos en España, una persona podía permanecer años en la cárcel, esperando ser juzgada, y luego, ser hallada inocente de las acusaciones que se le hacían. Se inventó una acusación para don Castor, pero "la iglesia hacia incesantemente oración a Dios por él", y usó además al doctor Casos, un hábil abogado de Pontevedra, para que lo defendiera. Durante cuatro meses el preso esperó ser juzgado, pero durante ese tiempo ganó la estimación del carcelero, quien permitió que los amigos le visitaran. Muchos que lo habían conocido y apreciada como sacerdote, aprovecharon la licencia y le llevaban regalos.

Descubriendo que estaba provocando muchas simpatías, ciertos enemigos de don Castor hicieron un es-fuerzo para conseguir que fuera trasladado de Pontevedra a Santiago, una distancia de cuarenta millas, antes de que compareciese ante el tribunal, con el propósito de asesinarlo en el camino, bajo el pretexto de que había tratado de huir de los guardias que lo vigilarían. Pero en la providencia de Dios estos planes se vieron frustrados. Determinado a salvar a su prisionero del designio de los conspiradores, el carcelero consiguió que el médico de la cárcel le administrara una poción que le impidió andar, y mantuvo a don Castor en cama hasta el momento de comparecer ante el juez.

Pronto se probó que la acusación era falsa, y con la evidencia documentaria de su inocencia, el ex sacerdote salió en libertad, libre de toda culpa y cargo. Nuevamente en libertad para servir a Dios, se le veía frecuentemente en Santa Comba, su pueblo, llamado así por la santa que, según se afirmaba, curaba cualquier enfermedad. Allí predicaba al aire libre a sus antiguos feligreses, proclamando las alegres nuevas de que no existe ningún purgatorio y que no hay necesidad de penitencias ni de oraciones a los santos, puesto que por su muerte en la cruz, Cristo ha adquirido el perdón para todos los que quieren recibirlo como un don gratuito.

Temiendo que tan importante aliado de la causa evangélica pudiera ser víctima de alguna celada, los amigos de don Castor le enviaron, junto con su esposa e hijos, a Buenos Aires, donde obtuvo un puesto en la Aduana. Pudo dar a sus hijos una buena educación, y toda la familia fue un testimonio para la fe evangélica en esa gran ciudad.

 Extraído del libro: *COSECHA ESPAÑOLA* - *El avance de las buenas nuevas en España*. Por Wirtz y Pierce

Ser lleno del Espíritu

Ser lleno del Espíritu Santo significa renunciar a uno mismo y los deseos propios para que sea el Espíritu quien guíe nuestra vida, sabiendo que siempre lo que Él desea es mucho mejor que nuestros propios deseos. El camino del Espíritu es infinitamente mejor que el nuestro y siempre habrá más satisfacción personal haciendo la voluntad de Dios y no la nuestra.

Rendirse

El primer requisito es rendirse, perderse uno mismo en los brazos de un 'invisible'. Esto es algo muy difícil para la mayoría, especialmente para los que están en el liderazgo porque se espera que ellos tengan todo bajo control. En una reunión pública es la tarea del líder saber qué hacer en todo momento y cómo llevar adelante esa convocatoria. Pero si quieres más del Espíritu Santo debes hacer lo opuesto – debes abandonarte, debes dejar a un lado tus ideas, tus decisiones, tu manera de dirigir y dejar que Él lo haga todo. Es difícil porque es como lanzarse al vacío y no saber lo que viene. Pero cuando vences ese miedo y le das el control al Espíritu Santo, verás que suceden cosas asombrosas, verás los prodigios y las señales y el ambiente será el ambiente del cielo.

Un consejo importante aquí es olvidarse del reloj. El reloj es en este momento nuestro enemigo porque nos marca un límite y eso es exactamente lo que no le entusiasma al Espíritu Santo. Si le damos lugar, Él se hace sentir desde el principio pero para experimentar lo grandioso, por lo general Él llega tarde a nuestra manera de pensar. Llega cuando la reunión tendría que terminar. Pero es que Él desea esperar porque desea ser anhelado, desea ver nuestra desesperación por más de Él, desea escucharnos clamar por su Presencia. Y entonces Él llega para premiar los que le han aguardado, los que tienen paciencia y hambre del cielo.

Las cosas del cielo tienen un precio, un gran precio. No es 'soplar y hacer botellas'. No es un abracadabra y allí aparece. No se tiran las perlas a los cerdos. Eso quiere decir que cuando se trata del Espíritu Santo se debe andar con respeto. Nosotros no lo controlamos a Él. Él hace lo que Él quiere y nosotros no lo podemos manejar en absoluto.

Él obra con mayores señales dónde le dan la bienvenida y dónde puede trabajar con libertad. Para que Él trabaje con libertad debe tener todo el control.

Un sacrificio

Y ahora otro principio importante. Lo que te regalan no es valorado como aquello que te costó mucho. No se aprecia lo que no te costó nada. Si deseas algo y tienes que ahorrar mucho tiempo y te ha demandado mucho sacrificio, lo vas a apreciar muchísimo más que aquello que no te costó ningún esfuerzo. Así es con nuestra relación con el Espíritu Santo. Si lograr un profundo conocimiento de las cosas espirituales fuera algo fácil y rápido y sin esfuerzo, no le daríamos su verdadero valor. La verdad es que las cosas espirituales que pertenecen al cielo y a nuestro Dios son los secretos más sublimes que existen y para lograrlos nos demandará nuestro ferviente deseo por obtenerlos, demandará nuestro clamor, nuestras lágrimas, nuestras vigilias, nuestro sacrificio y ayunos y nuestro gran esfuerzo.

Sucedió algo en la vida de David que nos da un ejemplo excelente. Lo podemos leer en II Samuel 24:24. David quería ofrecer un sacrifico a Dios y Arauna quería regalarle un campo para ello pero David le dice: *"Te lo agradezco, pero tengo que comprártelo todo pagándote lo que vale, pues no presentaré al Señor mi Dios holocaustos que no me hayan costado nada."* (DHH)

Dios exige un sacrificio de nuestra parte antes de revelarse porque así nunca te olvidarás del gran esfuerzo que te costó encontrarlo y llegar a intimar con Él y valorarás su Persona como ninguna. Dios no quiere tu limosna – lo que te sobra y lo que no te costó mucho y del cual no te cuesta desprender. Cuando le ofreces algo a Dios Todopoderoso debes darle lo mejor – lo mejor de ti, el mejor esfuerzo, tu mejor tiempo, tu mejor ofrenda de dinero. Eso es lo que Dios acepta y recompensa. Dios acepta y recibe lo que para ti es un sacrificio.

A Dios le place esconderse para poder ser encontrado. ¿Te acuerdas cuando jugabas de niño a las escondidas? Había un alboroto para encontrar el lugar adecuado y en el momento del descubrimiento había gritos y saltos de alegría. Así es con nuestra búsqueda por más del Espíritu Santo. Es un esfuerzo, lleva su tiempo, involucrará sacrificios de diversas índoles pero cuando lo encuentras hay gran júbilo – como la mujer que encontró la moneda perdida. ¡Encontraste lo que tanto buscabas! No lo soltarás nunca y nadie te lo podrá quitar.

Nuestra relación con el Espíritu Santo y con nuestro Dios es como cualquier relación que podamos tener aquí en la tierra. La intimidad entre dos personas no es sino después de conocerse durante mucho tiempo. Después de conocerse un tiempo uno puede decir que hay una amistad entre los dos y al ir conociéndose más y relacionándose más y más uno realmente llega a conocer todo de la otra persona. No se logra en un día ni en un año….lleva su tiempo. Y a nuestro Dios le place muchísimo esa relación paulatina pero segura…ese conocerse en las buenas y en las malas porque es una relación duradera y para nosotros es una aventura emocionante ir descubriendo de a poco cómo es nuestro maravilloso Dios.

Y, cómo en la parábola de la perla de gran precio, cuando has encontrado lo que tanto te ha costado obtener, no la vas a soltar nunca. Y la vas a valorar tanto porque te ha costado TODO.

Cambiando la carne por el Espíritu

Comparto nuevamente de los escritos de Smith Wigglesworth:

"Nosotros somos naturales, muy naturales, pero Dios tiene todo para contrarrestar nuestra carnalidad.

Nunca pienso qué voy a decir cuando estoy sobre la plataforma, porque cuando ha venido el Espíritu Santo, debemos ser proféticos. Creo en ser absorbido por el poder del Espíritu Santo. Estoy en plan de atreverme, de actuar en el Espíritu Santo.

Esta reunión fue preparada antes de que el mundo fuera, y estamos en los designios de Dios.

El plan de Dios para tu vida es que llegues a quedar cautivo de su poder, haciendo lo que en el ámbito natural jamás harías, sino lo que el poder del Espíritu Santo, que se mueve por medio de ti, te mueva a hacer.

Todos los que están aquí y son salvos tiene un millón de veces más de lo que saben. Todas las cosas son posibles; sólo debes creer. Eso es todo.

Creo que en el momento en que crees, se multiplica la gracia porque estás actuando en fe. Quieres paz, y el plan de Dios es multiplicar la paz. *("Gracia y paz os sean multiplicadas."* I Pedro 1:2)

Paz como un río, que nada perturba; ésa es tu herencia. Aunque tuvieras diez millones de libras a tu disposición, no podrías comprarla. Viene al corazón quebrantado y contrito, el corazón que dice por dentro Amén a Dios y no quita ese Amén por nada.

¡Quiero que le prometas a Dios que, a partir de este momento, no retrocederás en pensamiento, ni en acción, ni volverás atrás la mirada!

Todo creyente tiene cuatro cosas: sabiduría, justificación, santificación y redención. Cuanto más temor del Señor tenemos, más sabiduría tenemos. Cuando un hombre se sale de la voluntad de Dios, comienza a ser necio.

Todo hijo de Dios, al recibir el Espíritu Santo, obtiene una revelación de la majestad de aquello que ya está en su naturaleza en el nuevo nacimiento: Cristo en vosotros. En el bautismo en el Espíritu Santo, es coronado; coronado en majestad.

No se puede comprar o vestir o vender excepto lo que es agradable al Señor. Jesús se convierte en el Señor de tus pasiones y deseos. Amas lo que Dios ama y odias lo que Dios odia.

Todos los dones deben funcionar en cada uno de nosotros, pero tenemos que tener el cuidado de utilizarlos sólo en la forma que el Espíritu Santo nos mueva a hacerlo (I Corintios 12) La Palabra de Dios no puede ser cambiada, y dice que debes procurar los dones mejores. Dios quiere que su pueblo arda en la actividad del Espíritu Santo.

Hay nueve dones, nueve tipos de frutos, y nueve bienaventuranzas; una hermosa vestidura para el pueblo de Dios.

Es un gran honor para el cuerpo ser templo del Espíritu Santo. Me alegra que la Palabra de Dios me haya revelado que en el bautismo del Espíritu Santo, el Espíritu mora en mí. Él tiene más poder para iluminarme al Señor Jesús. Cuando recibimos del Espíritu Santo, no recibimos el don, sino al Dador de los dones.

Me niego a usar un don a menos que el Espíritu Santo manifieste su poder para ponerlo en funcionamiento. Si tan sólo el pueblo de Dios creyera que deben ayudarse unos a otros, aprovecharían cada minuto. Querrían dedicar cada minuto a Dios.

¿Cuándo se malogra una profecía? Cuando sigues hablando después de haber terminado.

¿Cuándo se malogra una oración? Cuando comienzas en el espíritu, pero después de haber terminado, sigues en la carne.

¿Cuándo se malogra una predicación? Cuando sigues después de haber terminado.

La fe es la audacia que se regocija en el hecho de que Dios no puede faltar a su propia Palabra. La fe no es agitación: es una tranquila confianza de que Dios habla en serio, y que actuamos basándonos en su Palabra.

Jamás podríamos hacer nada, si no fuera por el nombre de Jesús. Nuestra santidad no podría hacerlo. Pero la justicia de Cristo y el poder de Dios fluyendo a través de nosotros ponen en acción la omnipotencia, y todas las cosas son posibles."

Un perfume fragante

"Pero tenemos este tesoro en vasos de barro, para que la extraordinaria grandeza del poder sea de Dios y no de nosotros." II Corintios 4:7

"María, tomando una libra de perfume de nardo puro que costaba mucho, ungió los pies de Jesús, y se los secó con los cabellos, y la casa se llenó con la fragancia del perfume." Juan 12:3

María no reparó en verter un costoso perfume sobre los pies de Jesús. Y la casa se llenó de la fragancia del perfume.

Imagina el impacto que puede hacer 450 gramos del más exquisito perfume derramado en una habitación. Cuando hemos permitido que Dios nos quebrante, nosotros somos la fragancia de Cristo y de esa manera la presencia del Espíritu Santo es liberado.

2 Corintios 2:14

"Así que, ¡gracias a Dios!, quien siempre nos lleva en triunfo en el desfile victorioso de Cristo. Ahora nos usa para difundir el conocimiento de Cristo por todas partes como un fragante perfume." (NTV)

Pídele al Espíritu Santo que te llene con su poder, que te enseñe y te guíe. Él es nuestro amigo y socio en el evangelismo. Anticipa el fluir de sus dones. Anticipa Sus palabras de conocimiento, su discernimiento, Su inspiración y que Su fe sea manifiesto en ti. Anticipa que el Espíritu Santo te hable a ti y así será y lo verás.

Siempre hay más en el Espíritu Santo

Sí, siempre hay más en el Espíritu Santo. No hay límites para Dios – va más allá de nuestros pensamientos e imaginación. Él siempre hace más de lo que podríamos soñar o pensar. Sólo hay que darle el lugar.

Si anhelamos y buscamos más, sabemos con certeza que tendremos más de Él. En Dios no hay un punto final porque Él es sin límites. Al desarrollar nuestra relación con Él y estar consciente de su presencia, veremos un derramamiento mayor de Su poder sobrenatural para sanidades, señales y prodigios. Nuestra relación continua y creciente con Él es vital. Él nos enseñará, nos guiará y nos llevará a aventuras asombrosas con Él mismo.

Una vivencia con el Espíritu Santo

Una de las experiencias espirituales que más me ha impactado es la que relata el pastor John Arnott en su libro" La Bendición Del Padre", donde comparte una visión que tuvo su esposa Carol. Espero que te impacte también y te bendiga.

"Nuestra iglesia oró por Carol y por mí antes de que saliéramos en un viaje evangelístico a Europa Oriental en febrero de 1994. Ella cayó sobre la plataforma. Vimos que sus manos y sus pies se movían, y de tanto en tanto levantaba los pies en el aire y los movía como si estuviera corriendo. Luego se quedaba quieta durante un rato hasta que volvía a repetir esos movimientos. Nos preguntábamos qué le estaría sucediendo. Luego nos relató la visión que había tenido: la primera en toda su vida.

Mientras estaba allí tendida, sentí que la presencia del Señor venía sobre mí. Repentinamente vi un bello prado con toda clase de flores esparcidas en su extensión. Yo me preguntaba dónde estaba. Jesús vino y me entregó un ramo de lirios del valle, una flor muy especial para mí porque John me regaló un ramo hace algunos años, cuando estaba pasando por un momento difícil de mi vida. El Señor me había dicho entonces: "Carol, los lirios de los valles sólo crecen en los valles. No crecen en las cimas de la montaña. Cuando pases por los valles de la vida, debes buscar los lirios que Yo he puesto allí para ti." Eran un recordatorio de Su fidelidad durante las horas más oscuras de la vida.

En la visión, Jesús y yo caminábamos por el prado y

hablábamos de corazón a corazón. Comenzamos a correr y a jugar, y compartimos un tiempo maravilloso y muy íntimo. Entonces él se detuvo y me dijo: "¿Me devuelves el ramo?" Y yo le dije: "Está bien, está bien", y con bastante pesar se lo entregué. Él comenzó a caminar alrededor y reunió flores de distintos colores (rojas, púrpura, blancas y amarillas) e hizo con ellas una guirnalda. Luego entretejió los lirios de los valles en la guirnalda y me la puso en la cabeza. Entonces vi que le agregaba un velo de novia muy largo y blanco.

La escena cambió, y me vi caminando, tomada de Su brazo. Yo miraba alrededor y pensaba: "Pero...no reconozco este lugar. ¿Dónde estoy? No me resulta familiar." Entonces miré hacia abajo, y pensé: "¡Oh, pero esto es oro! Oh, Dios mío, estoy caminando sobre las calles de oro. ¡Esto es el Cielo! Soy la novia de Cristo. Estoy casándome con Jesús. Este es el día de la boda. ¡Señor, esto es increíble!"

Lo que sucedió a continuación me recordó con ternura cuán personal es el Señor para cada uno de nosotros. Cuando estoy desanimada o cargada por los problemas de la vida, voy a ver terneritos o potrillos u otros animales recién nacidos; es algo que me refresca y me llena. Siempre he dicho: "¡Oh, Señor, no veo la hora de ir al Cielo para poder abrazar a un tigre!" Quiero poner mi rostro sobre su piel y darle un gran abrazo.

A medida que avanzaba la visión, a los costados del

camino estaban todos estos animales, llenos de brillo y alegría. Había tigres, corderos y potrillos...también estaban mis dos perros. Fue algo que realmente me bendijo.

Entonces la escena cambió otra vez; estábamos en un salón enorme. Mesa tras mesa tras mesa, hasta donde alcanzaba la vista, estaban preparadas con manteles y copas y vajilla. Había candelabros y bellísimos arreglos florales, y las comidas más deliciosas, como lo que podría verse en la coronación de un rey; para verdaderos gourmets, muy elegante. Me di cuenta de que esta debía de ser la fiesta de bodas. "Yo me casé contigo, y seguramente éste es el banquete", dije, maravillada. "Pero no veo a nadie, Señor, ¿Dónde está la gente?"

Al volverme, vi a muchas personas. Eran bellísimas, vestidas con las ropas de bodas más elegantes que se puedan imaginar. Sus rostros brillaban. Pensé: "Señor, quiénes son estas personas?" Y Él me respondió: "Son los marginados, los pisoteados. Los he obligado a venir a mi fiesta de bodas."

Yo estaba de pie en un lugar despejado, cuando Jesús vino y me dijo: "Carol, ¿me haces el honor de concederme este primer baile?" pensé: "Oh, no, no puedo bailar. El velo es demasiado largo." Tan pronto como lo pensé, de la nada aparecieron unos cardenales y azulejos, todos estos pajaritos, que levantaron el velo, y dancé con Jesús.

Luego supe que mientras yo estaba tendida en la plataforma, mi amiga Shirley vino y cantó sobre mí. Pero en la visión, era Jesús quien cantaba. Cantaba que yo era Su tesoro, Su elegida; cantaba todos los pasajes bíblicos que le había dicho a mi corazón cuando me convertí.

Cuando la visión terminó, pensé "Oh, Señor. ¿Eso fue solamente para mí? ¡No puedo creer que sea todo para mí!" Y Él me dijo: "Quiero que te pongas de pie y compartas esta visión con la gente. Cuando hayas terminado, quiero que les digas que mi fiesta de bodas está casi preparada; casi lista. Diles que no deben ser como las vírgenes insensatas, sino como las cinco vírgenes prudentes.

Este es un tiempo en el que estoy derramando mi Espíritu. Estoy derramando el aceite que pueden comprar, y pueden ser llenadas, una y otra vez. Este es el tiempo para que mi iglesia, mi esposa, sea llena del aceite del Espíritu Santo. Cuando esté llena, yo los derramaré en los caminos y las carreteras. Los esparciré por todas partes, y no tendrán que evangelizar como lo hacían antes. Al estar la iglesia tan llena del Espíritu, los desnudos y los desamparados y los quebrantados entrarán a mi reino. Entonces vendré a buscarlos."

Extraído del libro: *CONOCIENDO MÁS A LA PERSONA DEL ESPÍRITU SANTO*. Por Diana Baker

Cómo experimentar la paz de Dios en medio de la tormenta

"La paz os dejo, mi paz os doy; yo no os la doy como el mundo la da. No se turbe vuestro corazón, ni tenga miedo." Juan 14.27

Es un mandato que Dios nos da el día de hoy. Mi pregunta para ti el día de hoy es: ¿Por qué has estado preocupado? ¿Por qué nos preocupamos y nos afanamos? ¿Por qué andamos con tantas angustias?

La respuesta es muy simple: porque se nos olvida muy rápido lo que el Señor Jesucristo nos ha dicho. Lo que él está diciendo es "yo he puesto mi paz en tu vida, por lo tanto tú tienes que caminar el resto de tu vida en esta paz. Venga lo que venga, pase lo que pase, mi paz tiene que gobernar tu vida."

"No se turbe vuestro corazón; creéis en Dios, creed también en mí. No tengas miedo", dice el Señor."Yo te he dado mi paz y debes vivir en este planeta con mi paz."

En medio de tribulaciones, en medio de angustias, en medio de situaciones espantosas tenemos que permitir que la paz de Dios sea la que gobierne nuestro corazón.

Las presiones externas

Si hay algo que gobierna en este mundo es la ansiedad. Todo es ansiedad, la gente vive estresada y a veces sin ningún motivo. Estamos viviendo en una sociedad llena de presiones, nos presionan por dentro, nos presionan por fuera, nos presionan la cabeza, los pensamientos. Y si nosotros cedemos, se va la paz y viene la turbación, vienen los líos, las desgracias y las desesperaciones.

Anoche me senté a comer y prendí un momento la televisión para ver qué había e inmediatamente aparece en las noticias: "Acaban de subir los alquiles en Buenos Aires". Y allí te va la bomba. Empiezas a pensar: "Y si esto está pasando en Buenos Aires pues no falta mucho para que se llegue a esparcir por todo Argentina: ¡me van a subir los alquileres!".

Y empiezas a pensar y a maquinar. Por todos lados esta la presión. Le cambias de canal y te ponen a un tipo con un estómago perfecto pues se ve que toda su vida ha estado en un gimnasio. Se ve que es un vago que no tiene nada que hacer y te dice: "si compras esta maquinita te vas a poner como yo. Tienes que adelgazar, tienes que adelgazar, tienes que adelgazar. Tienes que ser perfecto, tienes que estar y utilizar esta marca, y bla, bla, bla".

Hay presiones. No te quieres comprar un automóvil 0 km. porque piensas. "pero qué van a decir los hermanos. No puedo decir ni dar señales de que estoy enfermo porque la gente va a decir que no tengo fe".

Y a todo esto échale encima las presiona económicas. Y llega un momento en que pides a gritos paz. ¿Y sabes qué es lo que pasa? Que al estar así tenemos la tendencia a aislarnos. A través de todas estas presiones en tu mente, en la tele, en tu casa y en el trabajo el diablo busca aislarte. Como los lobos y los leones cuando aíslan una sola víctima. Localizan una presa, la separan de la manada y una vez separada, la matan.

Si tú permites que las presiones de esta vida te empiecen a aislar, quedas tú solo a merced del enemigo.

Dices "no voy a ir a la iglesia porque está determinada persona y ya no la aguanto... ahí está, que no me vea". O dices: "no voy a la casa de mis padres porque me presionan".

Llega un momento en que te conviertes en un

verdadero fugitivo, un ermitaño. Y eso es lo que el diablo quiere para tu vida: aislarte, que quedes solo. Te agarra la presión, la depresión, te agarra la tristeza, la desilusión, los complejos, y empiezas: "para qué voy allá si es para problema".

Lo que el diablo hace es minimizarte, aislarte, te mete a tu tienda de miseria y te dice "no te muevas de aquí, aquí estas seguro". Se desata la autocompasión en tu vida, se desata el temor, la bronca, la incredulidad y la desesperación. Satanás es un especialista en estas cárceles. Y lo que nos dijo el Señor lo olvidamos. ¿Por qué somos así? ¿Por qué nos pasa esto? ¿Cómo podemos olvidar esta poderosa promesa que tienes gracias a Jesús?:

"La paz os dejo, mi paz os doy; yo no os la doy como el mundo la da. No se turbe vuestro corazón, ni tenga miedo." Juan 14.27

¿Por qué desechamos su palabra? ¿Por qué somos convencidos tan rápido de las mentiras del diablo?

Porque Satanás es un especialista en achicarte, pero Dios es un especialista en agrandarte. El diablo es un especialista en robarte, en quitarte, en minimizarte, pero Dios es un especialista en que te expandas, que te extiendas, que te salgas de la tienda y que veas todo lo que él tiene para tu vida.

Sal fuera y mira las estrellas

Mira lo que sucedió hace muchísimos años atrás:

"Después de estas cosas vino la palabra de Jehová a Abram en visión, diciendo: No temas, Abram; yo soy tu escudo, y tu galardón será sobremanera grande. Y respondió Abram: Señor Jehová, ¿qué me darás, siendo así que ando sin hijo, y el mayordomo de mi casa es ese damasceno Eliezer? Dijo también Abram: Mira que no me has dado prole, y he aquí que será mi heredero un esclavo nacido en mi casa.

Luego vino a él palabra de Jehová, diciendo: No te heredará éste, sino un hijo tuyo será el que te heredará. Y lo llevó fuera, y le dijo: Mira ahora los cielos, y cuenta las estrellas, si las puedes contar. Y le dijo: Así será tu descendencia". Génesis 15:1-4

Abram no tenía paz, él pensaba: "no tengo hijo, me tocó una esposa estéril, no tengo heredero, ya estoy viejo. Este siervo se va a quedar con todo lo que he acumulado" Todos los días vivía en esa atmósfera.

Pero mira lo que dice el versículo cinco de Génesis quince: "Y lo llevó fuera, y le dijo: Mira ahora los cielos, y cuenta las estrellas, si las puedes contar. Y le dijo: Así será tu descendencia".

Y lo llevó fuera: fuera de su pasado, fuera de su ignorancia, fuera de su experiencia. Lo llevó afuera. Tal vez tú seas de esos que están metidos en esas tiendas, de esos que dicen: "me fue mal, me pasó esto, me pasó aquello, me dijeron esto, no me dijeron aquello". Y todos los días estás en eso: "y me tocó este marido, y me tocó esta mujer, y me tocaron estos hijos" y estás todos los días en la misma atmósfera. ¿Y la paz del Señor? ¿Y las promesas del Señor?

¿Quién sabe donde están? Ni caso le hacemos a lo que dijo Dios, sino que nos metemos en nuestra tienda y ahí estamos viviendo nuestra miseria y aparentemente te gusta.

Hoy el Señor te dice: "Hazme el favor de salirte de esa tienda y de esa atmósfera. Salte de esa mente de esclavo, de idólatra, de esa mente de tacañería, de problemático, de vago. Hoy te sales de esa tienda y a partir del día de hoy comienzas a expandirte. A partir de hoy comienzas a pensar Mis palabras. Te he dicho mi paz te dejo, mi paz te doy, y eso es lo que debe gobernar tu mente y todo tu corazón".

Ya sea que lleves varios años en el camino del Señor o unos pocos meses, tienes que crecer y dejar de ir con tu pastor o con la hermanita no sé cuánto para que te cambie los pañales.

El Señor llevó fuera a Abram y le dijo: "Mira ahora los cielos". No le dijo "mira ese ratón", o "mira esa hormiga". No le dijo "mira esa manzana", le dijo "mira los cielos", porque de ese tamaño es la visión que Dios quiere que tengas. Dios tiene un programa para ti muy grande, y Su programa es que veas el cielo, pues de ese tamaño es su visión para tu vida. De ese tamaño debe ser tu ilusión, de ese tamaño debe de ser tu esperanza, de ese tamaño tiene que ser tu fe, tu alegría, tu gozo y tu paz: ¡del tamaño de los cielos!

Dios siempre va a insistir en sacarte de tu mundo pequeñito para trasladarte a su mundo grande, a Su universo, así que mira los cielos.

Dios quiere que te ensanches, que crezcas, que te extiendas, por eso viene constantemente a tu vida y te dice: "sal fuera". Cambia tu forma de pensar. Salte de tu mundito, no te achiques, no retrocedas, no te repliegues, no te arrugues.

Comienza a llamar lo que no es como si fuera, salte del caos en el que estás, salte de la crisis, salte de la presión que hay en tu mente y de la presión que hay allá afuera. Salte de ahí. Estás encerrado y dices: "no tengo paz, no tengo paz porque me maltrató, porque mira lo que hizo, y porque ésta me miró mal, y aquel no me dio y éste me hizo daño y no lo vuelo a permitir nunca, etc." Y pensando de esta manera te aíslas.

Y una vez que te aíslas el diablo ya hizo lo que quiso contigo. Y en tu tienda te vuelves criticón, te vuelves perfeccionista y crees que desde tu mundo controlas todo, y críticas a todos, regañas a todos, retas a todos y el diablo siempre te va a decir retírate, vete de allí. Y tú le dices. "amén, tienes toda la razón".

Pero Dios viene a tu vida y te dice: "salte de tu tienda, extiéndete, ve el cielo y cuenta las estrellas, si puedes. Porque así como el número de estrellas será el número de tus bendiciones".

Perdona a los que te lastimaron, perdona al que te robó, olvídalos ya, déjalos en las manos del Señor y sigue caminando con él tomado de Su mano. De otra manera no vas a poder dormir por las noches pensando en lo que los demás te robaron, en lo que te dijeron y en lo que no te dijeron.

Dios nos quiere liberando personas, no nos quiere cautivos ni encarcelados. No nos quiere acomplejados y mucho menos oprimidos. Dios quiere que tú y yo seamos como David, no como Saúl. El rey Saúl tenía temores, se aislaba, criticaba, odiaba a David. El tipo medía casi 2 metros pero vivía acomplejado. Se menospreciaba a sí mismo. Y Samuel lo confronta y le dice: "aunque tú te tenías en poco en tu propio corazón, Dios te escogió como rey".

Los complejos siempre te van a decir: "el otro sí puede pero mírate tú, no puedes. Nunca lo vas a lograr". Y lo peor de todo es que lo creemos.

Mientras que Dios te ha escogido para que seas rey, para que seas príncipe y princesa y para que reines en esta vida, sin embargo andas todo acomplejado como Saúl, viendo a los demás y preguntándote: "mira como le cantan a David por sus diez mil a mí me cantan mil nada más". Y empiezas a ver defectos, empiezas a criticar y te empiezas a aislar de todos.

Detente un momento y analiza estas preguntas: ¿Qué pasa por tu mente todos los días? ¿Qué tienes en la cabeza? ¿Qué pasaría si pudiéramos pasar en una pantalla todos tus pensamientos? ¿Veríamos cosas como: "soy esto, soy lo otro, no puedo, no puedo, no puedo"?

Hoy Dios te dice: "La paz os dejo, mi paz os doy; yo no os la doy como el mundo la da. No se turbe vuestro corazón, ni tenga miedo".

Así que no te preocupes, no te afanes.

Características de David

Ya que estamos hablando de las diferencias entre David y Saúl, me gustaría compartir contigo algunas características de David que pueden serte útiles para que la paz de Dios gobierne tu vida. La biblia menciona las características de David en 1 Samuel 16.18:

"Entonces uno de los criados respondió diciendo: He aquí yo he visto a un hijo de Isaí de Belén, que sabe tocar, y es valiente y vigoroso y hombre de guerra, prudente en sus palabras, y hermoso, y Jehová está con él".

1. David sabía tocar. Esto quiere decir que no solamente era un pastorcito. David no se movía solamente en una dimensión, sino que sabía hacer muchas, muchas cosas. Hoy quiero recordarte que lo que estás haciendo lo haces en una dimensión y Dios quiere que te muevas y empieces a hacer muchas otras cosas, porque Dios te dio todas las capacidades para que lo hagas. Si no funciona por aquí, métele por el otro lado, si no funciona por acá, búscate otro trabajo, inténtalo por aquí, inténtalo por allá. No permitas que el mundo se te cierre. No te fijas nada más en una sola cosa. Busca otros rumbos, fíjate por donde puedes desarrollar tu vida y mejorar. No te conformes nada más con una dimensión. David nunca se minimizó. Nunca se achicó ni se aisló. Mientras que Goliat le gritaba cosas al pueblo de Israel, Saúl estaba escondido en su tiendita y pensaba: "este es un hombre de guerra, es una máquina de matar, no vamos a poder, mira nada más sus músculos, y esos brazos, esa lanza, esa espada, ese casco... no vamos a poder".

Y ahí estaba temblando en esa tienda, y nunca salió de allí. Pero David cuidaba ovejas, obedecía a su padre, tocaba el arpa, escribía salmos, canciones, mataba osos y leones, le llevaba la comida a sus hermanos: Se movía.

La orden de parte del Dios del cielo para ti es: ¡muévete! Muévete en todo lo que se pueda, no importa la edad que tengas. A Abram lo sacaron de su tiendita a la edad de 95 años. Si tú tienes menos de 95 pues entonces tienes esperanza. Agranda tu mundo, expándete, extiéndete, salte de tu tiendita de miseria y de autocompasión. Tu vida no debe de ser unidimensional sino multidimensional. ¿Qué cosa esta ocupando tu mente? ¿Qué cosa te está atormentando? Goliat llevaba 40 días atormentando a Israel y nadie hacía nada al respecto. Les decía: "los voy a matar, su Dios es una porquería, no sirven para nada, son basura, son microbios". Imagínate estar escuchando esas barbaridades por 40 días. Los insultaba y dice la biblia que Saúl estaba con los sacerdotes y los príncipes de Israel, temblando mientras el gigante estaba gritando allí afuera.

¿Qué es lo que te grita el diablo todos los días? ¿Qué es lo que estás escuchando? David llegó al campo de batalla y no permitió que Goliat siguiera gritando por un día más. Apenas llegó preguntó a los soldados: "¿ y a éste qué le pasa, cómo se atreve a insultar a nuestro Dios, quién va a matarlo, qué esperan?

Y como nadie se animaba, fue él mismo y lo mató. No permitió un día más de gritos.

¿Hasta cuándo vas a permitir que el diablo te siga gritando todo lo que te ha gritado hasta el día de hoy? El pueblo de Israel llevaba 40 días escuchando los insultos del gigante, pero tú tal vez ya llevas 20 años así. Y crees que es lo normal. Perdona si te estoy incomodando con lo que te estoy diciendo, pero creo que es necesario que agarres la onda, la lanza o la espada y que derribes a aquel que te ha estado gritando todo este tiempo.

¿Con qué te esta atormentando? ¿Con enfermedades? ¿Con deudas? ¿Con problemas en tu familia? Hay gigantes por todos lados, pero niégate a seguir viviendo así y búscale la solución. Y como vimos en el capítulo anterior, la solución está arriba: preséntale tu problema al Señor.

2. David era valiente y vigoroso. Esto quiere decir que David se atrevía a hacer cosas, era arriesgado. Necesitamos ser atrevidos en el Señor. Atrévete a buscar otro trabajo. Atrévete a mejorar tu condición. Atrévete a derribar ese gigante que te está atormentando. La ciudad de Jerusalén estaba llena de jebuseos, y cada vez de David apacentaba sus ovejas él veía esa montaña donde ellos vivían y decía: "esa ciudad algún día será llamada la ciudad de David". Estaba llena de jebuseos, una tribu parecida a los filisteos. Eran de terror. Dios tenía muchas cosas que hacer con Jerusalén, pero no podía hacerlo a causa de esta tribu. Y David decía todos los días en su corazón: "esa ciudad va a ser llamada la ciudad de David".

Todos los días decía: "voy a traer el arca, voy a traer la presencia de Dios a esa ciudad. ¿Y sabes lo que pasó? Lo hizo. Trajo el arca. Cuando mató a Goliat, le cortó la cabeza, fue a Jerusalén y les mostró la cabeza a todos los ciudadanos que estaban encerrados allí y les dijo: "esto les va a pasar a ustedes si no se van". Ese mismo día todos los jebuseos comenzaron a empacar sus cosas y por la puerta de atrás se empezaron a ir.

David había dicho en su corazón "voy a traer el arca a esta ciudad" y finalmente lo hizo: trajo la presencia del Señor. Esta vida requiere un cierto grado de atrevimiento. Si no te atreves por cualquier razón, nunca vas a ser nada en la vida. Conforme das el paso de fe el Señor viene, te fortalece, desciende a tu vida y te capacita para hacer aquello a lo que te ha llamado a hacer. ¡Atrévete!

"Mira que te mando que te esfuerces y seas valiente" Josué 1.9

Tenemos que aprender a enfrentarnos a las crisis. Aprender a analizarlas, ver cuál es la situación y buscar insistentemente la solución. Enfréntate a problemas, enfréntate a tus defectos, enfréntate a tus deudas, enfréntate a tus sueños.

Dios quiere hacer de ti una persona valiente, no deprimente. Hay una tendencia a deprimirnos, a atemorizarnos. Existe la tendencia a entristecernos. Y una vez que el diablo te quita el gozo ya te anuló, ya te detuvo, ya te frenó. Hay otra tendencia a esconder los problemas. Hay otra tendencia a restarte importancia, a no valorarte.

Y si tú te das cuenta, a David siempre lo abandonaron. Lo abandonó su padre, lo abandonaron sus hermanos, lo abandonó su líder, lo abandonó Saúl. Goliat lo quería despedazar, su esposa se burlo de él, sus hijos le hicieron un golpe de estado y se proclamaron rey.

David pasó por todo, pero el sabía de dónde venían todos los ataques. Y muchas veces los ataques vienen de nuestra propia alma. Tu alma te dice: enciérrate en tu mundito, agáchate, no te enfrentes a nada. Encerrándote no solucionas nada. Hay gente que busca salida en el alcohol, pues creen que eso ayuda para olvidar. El problema es que cuando se les pasa el efecto del alcohol se tienen que acordar de todo otra vez y les va peor todavía.

Si hay una cosa que el diablo quiere hacer en tu vida es asfixiarte. Te recuerdo que eres hijo de Dios, así que levántate, toma autoridad, enfréntate a tu realidad y soluciónala.

Haz esta oración conmigo: "Señor Jesús, hoy me comprometo ante tu altar a resolver cada situación a la que yo me enfrente. Me comprometo ante tu altar a cortar con esos problemas, a solucionarlos. No voy a parar hasta que vea esos gigantes caer en frente de mí. En el nombre de Jesucristo, amén."

Muchos de estos problemas tienen que ver con nuestro

carácter. Cuando tú naciste Dios puso dentro de ti carácter, si no fuera así no estarías vivo. Si ves a los bebés, cuando tienen hambre, gritan. Cuando están mojados, gritan. Cuando se sienten mal, gritan. ¿Por qué? Porque tienen carácter. Dios les puso carácter para sobrevivir.

Yo no sé en qué momento de tu vida perdiste el carácter, pero hoy el Señor te dice vuélvelo a tomar. Hoy en día es muy lamentable ver hombres con falta de carácter. Necesitamos carácter para hacer cosas, para movernos, para extendernos. ¡Ten carácter! Búscale por aquí, búscale por allá, muévete, pero no agaches nunca la cabeza.

Y no estoy hablando de mal carácter, sino de agarrar esa fuerza interior dentro de nosotros y ser valientes, como David. Tener carácter es decir voy a cortar con todo lo que le hace mal a otros, voy a ser obediente a la voz del Señor.

3. David era varón de guerra. Todo lo que David logró en la vida fue porque lo conquistó. Para que tú logres alguna cosa en esta vida tienes que conquistarlo. David no heredó nada, Saúl sí, pero a diferencia de Saúl, David lo conquistó. No se lo regalaron, todo lo que logró le costó trabajo, y para vencer en esta vida, para tener y lograr cosas, tendrás que conquistar. Te costará trabajo. Hay una tendencia a que todo me lo regalen, a que todo me lo den, a que caiga del cielo, a que salga en

los árboles billetes de 100, ¿te imaginas?

¿Quieres un arbolito de billetes de 100? Entonces empieza a sembrar billetes de 100. Nada viene gratis. Tienes que aprender a luchar y conquistar. Todo aquello que tú quieres en esta vida tienes que luchar por ello.

Dios no puso dentro de ti un ocioso, ni un vago ni un derrotado. Dios puso dentro de ti, igual que David, un guerrero, una guerrera. Toma en serio la vida, ponte a pelear y termina la batalla, no la dejes a medias. Si empiezas una batalla, termínala. Por eso vienen las heridas a tu vida, por eso viene confusión a tu mente, porque no terminas las batallas que comienzas. Empieza a cerrar todos los casos que no están resueltos. Y por último:

4. El Señor estaba con él. El mundo que te rodea necesita ver que Dios está contigo. El mundo que te rodea debe reconocer que hay algo diferente en ti.

Dios estaba con David y se notaba. Dios estaba con Daniel y se notaba. Dios estaba con Moisés y se notaba. Dios estaba con Abraham y se notaba. Estuvo con Ester, con María, con Pablo, con Pedro y quiere estar contigo también de la misma manera.

Dios está contigo, así que deja que se note. Que tu familia y tus parientes vean que Dios está contigo. No pierdas la confianza en el Señor. Su nombre es

Emmanuel, que significa Dios con nosotros.

Lo sabemos, pero a la hora de la bronca, a la hora del dolor y la crisis, cuando vienen las críticas y el ataque del enemigo... ¿y Emmanuel? Se nos olvida que Dios está con nosotros.

Este siervo de Samuel dijo sobre David: "He aquí yo he visto a un hijo de Isaí de Belén... que Dios está con él".

Cierra tus ojos y dilo: Dios está conmigo.

Me gustaría que al terminar de leer este capítulo puedas decir: tengo la paz de Dios.

La biblia dice en el salmo 121:1: "Alzaré mis ojos a los montes;" es decir, a las crisis, a los problemas, a todas mis necesidades, "¿De dónde vendrá mi socorro? Mi socorro viene de Jehová, que hizo los cielos y la tierra".

Nuestro Dios tiene un currículum impresionante: hizo los cielos y la tierra, ¿Cómo no va a poder ayudarnos? Salte de tu tienda el día de hoy. Salte de tu miseria.

Él te sana, él te suple, no dormirá el que guarda a Israel.

Haz esta oración:

"Querido Dios: Quiero cerrar todos los asuntos que tengo sin resolver. Quiero cerrar mi pasado para siempre. Necesito tu paz. Cierro las puertas que han permitido el dolor y la frustración. Renuncio a vivir angustiado, con celos, con envidias y con los mismos problemas de siempre.

Me niego a seguir viviendo con dudas, con el mismo dolor de siempre, con las mismas inseguridades, con la baja autoestima y con pensamientos equivocados de que no me quieres, de que te olvidaste de mi. Perdóname Señor. Hoy cierro todas esas puertas para siempre y recibo tu paz.

Establece tu paz en mi vida. Decido no tener miedo, no angustiarme, no entristecerme, no desesperarme, porque tu paz va a gobernar mi vida a partir del día hoy. Afino mi oído a tu voz y a tu voluntad. Quiero tu paz, Señor. La necesito urgentemente.

En el nombre de Jesús. Amén".

 Extraído del libro: *DIOS ESTÁ EN CONTROL* - *Descubre cómo librarte de tus temores y disfrutar la paz de Dios.* Por Jorge Lozano

Una visión general sobre el tema de los ángeles en la Biblia

Existen muchas referencias a "ángel" o "ángeles" en la Biblia. En el Antiguo Testamento se hace referencia 117 veces en 108 versos. En el Nuevo Testamento se hace referencia 182 veces en 172 versos.

Hay personas que no creen en los ángeles, ni en el cielo ni el infierno. La Biblia hace referencia a un ángel o ángeles unas 300 veces. Y si lees los relatos verás que ellos tienen una tarea específica. No aparecieron al azar ni por casualidad sino que tenían una misión específica que cumplir. Saben cuando tienen que aparecer, dónde tienen que aparecer y cómo.

Se hace mención de la siguiente manera:

* el ángel del Señor
* el ángel de Dios y un ángel de Dios
* su ángel
* un ángel
* ángel mío
* ángel del cielo
* ángel fuerte
* ángel del abismo (Apollyón | Abaddón)
* ángel poderoso
* santos ángeles
* el diablo y sus ángeles
* el arcángel
* el arcángel Miguel
* Miguel y sus ángeles
* Gabriel
*ángel de la luz (refiriéndose a Satanás)

¿Cuál es el propósito de Dios para los ángeles?

"¿No son todos los ángeles espíritus dedicados al servicio divino, enviados para ayudar a los que han de heredar la salvación?" Hebreos 1:14

Los ángeles han sido creados por Dios para llevar a cabo Sus designios, Sus planes y Su voluntad. Ellos sirven a Dios y le obedecen. También aclara este versículo, que Dios además, los envía para ministrar y ayudar a los que aceptan a Jesús como su Salvador, quienes serán herederos de la salvación y del cielo y la vida eterna.

Dios ha creado los ángeles para que lleven a cabo Su

perfecta voluntad. No podemos conocer ni entender todo lo que esto significa porque aún estamos en la tierra y sujeta a sus límites.

Hay muchas tareas que realizan los ángeles. Ellos entregan mensajes, son enviados para dar una explicación o el significado de alguna visión, para dar dirección y orientación, para protección o para llevar a cabo la disciplina de Dios; algunos son guerreros, y otros se dedican a la adoración y la alabanza de Dios Todopoderoso.

¿Qué aspecto tienen los ángeles?
Los ángeles tienen diferentes aspectos, como también hay diferentes rangos de ángeles. Algunos tienen alas. Los querubines y serafines tienen alas. En la tierra, por lo general toman el aspecto de un ser humano. Pero esto es momentáneo.

¿Cuántos ángeles hay?
Hay sólo unos pocos pasajes de las Escrituras acerca de los números de los ángeles.

"Los carros de Dios se cuentan por veintenas de millares de millares;

El Señor viene del Sinaí a su santuario. Salmo 68:17

"Un río de fuego procedía y salía de delante de él; millares de millares le servían, y millones de millones asistían delante de él; el Juez se sentó, y los libros fueron abiertos." Daniel 7:10

Jesús dijo: "¿Acaso piensas que no puedo ahora orar a mi Padre, y que él no me daría más de doce legiones de ángeles?" Mateo 26:53

"...sino que os habéis acercado al monte de Sion, a la ciudad del Dios vivo, Jerusalén la celestial, a la compañía de muchos millares de ángeles." Hebreos 12:22

En el versículo de Mateo, Jesús dice que su Padre podría enviar más de 12 legiones de ángeles. Se dice que una legión consistía ente 3,000 a 5-6,000 hombres. Por lo tanto Jesús se refería a unos 36,000 a 72,000 ángeles. En los demás versículos la referencia es a una cantidad tan grande que son innumerables.

Se mencionan solamente dos ángeles por sus nombres: Miguel y Gabriel Miguel

"Mas el príncipe del reino de Persia se me opuso durante veintiún días; pero he aquí Miguel, uno de los principales príncipes, vino para ayudarme, y quedé allí con los reyes de Persia." Daniel 10:13

"Pero yo te declararé lo que está escrito en el libro de la verdad; y ninguno me ayuda contra ellos, sino Miguel vuestro príncipe." Daniel 10:21

"En aquel tiempo se levantará Miguel, el gran príncipe que está de parte de los hijos de tu pueblo; y será tiempo de angustia, cual nunca fue desde que hubo gente hasta entonces; pero en aquel tiempo será libertado tu pueblo, todos los que se hallen escritos en el libro." Daniel 12:1

"Pero cuando el arcángel Miguel contendía con el diablo, disputando con él por el cuerpo de Moisés, no se atrevió a proferir juicio de maldición contra él, sino que dijo: El Señor te reprenda." Judas 9

"Después hubo una gran batalla en el cielo: Miguel y sus ángeles luchaban contra el dragón; y luchaban el dragón y sus ángeles;" Apocalipsis 12:1

Podemos ver en estos versículos que Miguel es un guerrero. Un mensajero del cielo fue enviado a Daniel para darle a conocer las cosas que habían de venir. Este mensajero fue demorado por el rey de Persia y Miguel fue enviado para ayudarle a poder cumplir su misión.

También vemos que Miguel lucha contra el "dragón" en el cielo.

Gabriel

"Y oí una voz de hombre entre las riberas del Ulai, que gritó y dijo: Gabriel, enseña a éste la visión." Daniel 8:16

"...aún estaba hablando en oración, cuando el varón Gabriel, a quien había visto en la visión al principio, volando con presteza, vino a mí como a la hora del sacrificio de la tarde." Daniel 9:21

En el libro de Daniel vemos que Daniel tuvo una visión y deseaba conocer su significado. Gabriel fue enviado a Daniel para darle a conocer el significado de su visión. Gabriel en otra oportunidad vino a Daniel para darle a conocer de los tiempos que habían de venir. Se dice que Gabriel voló rápidamente.

Gabriel también apareció a Zacarías para darle la gran noticia de que su esposa Elizabeth le daría un hijo y debían llamarle Juan.

"Respondiendo el ángel, le dijo: Yo soy Gabriel, que estoy delante de Dios; y he sido enviado a hablarte, y darte estas buenas nuevas." Lucas 1:19

Cuando Elizabeth tenía seis meses de embarazo Gabriel fue enviado por Dios a Nazaret para darle la mejor noticia a María. Sería la madre de Jesús, ¡Hijo de Dios Altísimo! También le avisó de que su prima Elizabeth también iba a tener un hijo.

"Al sexto mes el ángel Gabriel fue enviado por Dios a una ciudad de Galilea, llamada Nazaret." Lucas 1:26

No debemos adorar a los ángeles

"Y el ángel del Señor respondió a Manoa: Aunque me detengas, no comeré de tu alimento, mas si preparas un holocausto, ofrécelo al Señor. Y Manoa no sabía que era el ángel del Señor." Jueces 3:16

En este versículo vemos que el ángel le advirtió a Manoa que sólo debía ofrecer un sacrificio al Señor. El mismo no debía recibir esa honra.

Pablo, escribiendo a los colosenses les advierte expresamente que no debían adorar a los ángeles.

"Nadie os defraude de vuestro premio deleitándose en la humillación de sí mismo y en la adoración de los ángeles, basándose en las visiones que ha visto, hinchado sin causa por su mente carnal." Colosenses 2:18

Y Juan quiso adorar al ángel pero fue impedido y advertido que sólo se debía adorar a Dios.

"Yo, Juan, vi y oí todas estas cosas. Y después de verlas y oírlas, me arrodillé para adorar al ángel que me las mostró, pero él me dijo: ¡No lo hagas! Adora a Dios, pues todos somos servidores de él: tanto tú como yo, y los profetas y todos los que obedecen la palabra de Dios." Apocalipsis 22:8,9

Nuestro ángel guardián

Dios le dice a Moisés cuando éste se prepara para llevar el pueblo hebreo a un lugar nuevo que "su ángel iría delante de él."

"He aquí que yo envío mi ángel delante de ti, para que te proteja en el camino y te lleve al lugar que te he preparado. Préstale atención y obedécelo. No te rebeles contra él, porque va en representación mía y no perdonará tu rebelión." Éxodo 23:20,21

El ángel iba delante de Moisés para guiarlos y protegerlos. Cuando alguien te guía, te evita equivocarte y errar, te da el mejor camino y un camino seguro.

En Mateo 18:10 de la Biblia leemos:

"Mirad que no menospreciéis a uno de estos pequeños, porque os digo que sus ángeles en los cielos ven siempre el rostro de mi Padre que está en los cielos."

La versión Traducción Al Lenguaje Actual lo traduce de esta manera:

"Recuerden: no desprecien a ninguno de estos pequeños, porque a ellos los cuidan los ángeles del cielo."

Los comentaristas afirman que la palabra 'pequeños' no se refiere tan solo a niños sino a todo el pueblo de Dios en general.

¿Qué significa "ven siempre el rostro de Dios"?

Quiere decir que estos ángeles tienen acceso permanente a Dios, están en continua comunicación con Dios. Si te pones a pensar en esto, es demasiado grande para entenderlo en su totalidad - que el soberano Dios quiera tener cuidado de nosotros y asigna un ángel o ángeles para velar por nosotros y cuidar de nosotros.

Podemos ver otros dos pasajes, Salmo 34:7 y Salmo 91:9-12.

Salmos 34:7

"El ángel del Señor acampa alrededor de los que lo temen y los defiende. El ángel del Señor acampa alrededor de los que le temen, y los rescata."

¿Quién es "el ángel del Señor"? Es el representante celestial de Dios, Su mensajero, enviado para llevar a cabo Su voluntad sobre la tierra.

La frase "acampa en derredor" habla de la seguridad por la cual el Señor rodea a su pueblo, individual y colectivamente.

En el Salmo 91 leemos que los ángeles son enviados para protegernos.

"Porque tú confiaste en el Señor e hiciste que el Altísimo fuera tu protección, nada malo te sucederá, no ocurrirá ningún desastre en tu casa; porque él dará orden a sus ángeles para que te protejan a dondequiera que vayas. Ellos te levantarán con sus manos para que ninguna piedra te lastime el pie." Salmo 91:9-12

Esta es una hermosa promesa de Dios para aquellos que han puesto su confianza en Dios. Podemos estar seguros de que Dios vela por nosotros y envía Su ángeles a guiarnos y protegernos y no hay razón por estar alarmados. Él conoce todo de nosotros.

Muchas personas han comprobado la veracidad de estos versículos y han experimentado el cuidado y la protección de Dios. No siempre es fácil contar a otros estas experiencias; a veces por la incredulidad de los oyentes porque el relato no se puede entender por la lógica debido a que lo ocurrido es sobrenatural y eso quiere decir que no se puede entender con nuestra mente. Ha habido una intervención fuera de nuestra capacidad intelectual. Y sólo se puede aceptar por fe. Muchos adultos tienen problema con la fe. Porque para tener fe tenemos que dejar a un lado nuestra inteligencia y hacernos simples como un niño y simplemente creer lo imposible. Pero es justamente a ese punto que nos quiere llevar Dios...porque Él dice que sin fe es imposible agradarle. (Hebreos 11:6) Dios permite situaciones para provocar fe en nosotros y así tener una relación más íntima con Él. Sí, Dios Todopoderoso y Soberano desea humillarse y hacerse conocer por el ser humano y ser íntimo amigo de él. No es religión. Es una relación de dos personas aprendiendo a conocerse...empezamos aquí en la tierra y se continúa en el cielo, por toda la eternidad.

Una experiencia sobrenatural
En los libros de la Biblia, leemos muchas historias de

ángeles y su intervención entre Dios y el hombre. Vemos a los ángeles en las historias de la Biblia, como mensajeros, protectores, destructores, guías y sanadores.

Espero que disfrutes leyendo esta colección de historias verídicas de ángeles. A menudo se describe a los visitantes como humanos en apariencia. Por lo general llevan un mensaje o asistencia de algún tipo a la gente. En las historias, podemos ver que la experiencia vivida siempre produce un cambio grande en la vida de la persona que experimenta tal dramático acontecimiento.

Muchas de las historias hablan de misteriosos visitantes que vienen a menudo en un momento de necesidad, aparecen de la nada, proporcionan ayuda y luego se van tan rápido como aparecieron, todo ello sin ninguna indicación de que son visitantes espirituales. Su apariencia y lenguaje parecen tan naturales, como uno esperaría al ver otro ser humano. No hay explicación de lo ocurrido porque verdaderamente son visitas sobrenaturales.

Extraído del libro: *ÁNGELES EN LA TIERRA* - *Historias reales de personas que han tenido experiencias sobrenaturales con un ángel.* Por Diana Baker

Declaración de guerra

Necesitamos declararle la guerra a las enfermedades, a la miseria y a los dolores. Necesitamos hacer guerra contra las fuerzas diabólicas que odian que conozcamos la verdad para que nos haga libres.

Hace ya mucho tiempo que tenía ganas de poner este material al alcance del pueblo de Dios, ya que el mismo me ha bendecido y me ha dado muchísimas victorias, ha prolongado mi vida y ha agregado mucha felicidad a mi diario vivir.

Cuando David confrontó a Goliat, lo hizo porque había una causa tremenda por la cual enfrentar a este terrible enemigo de Israel. Si recuerdas la historia, el pueblo de Israel estaba a punto de caer bajo la bota opresora de los filisteos., los cuales eran enemigos crueles y sin misericordia.

El corazón de David ardía con el fuego de Dios para liberar a su pueblo, porque él poseía la solución al problema. Hasta su familia se levantó en contra de él, pero él se aferró a Dios y el Señor le concedió una gran victoria.

En este caso también hay una gran causa que está corriendo peligro. Hay muchos que están perdiendo la batalla de la salud y de la misma vida. ¿Por qué?

Dejemos que Dios mismo nos conteste a través del profeta Oseas: "Mi pueblo fue destruido, porque le faltó conocimiento". Oseas 4:6.

Hay una historia muy interesante que ilustra lo que quiero decir:

"En cuanto Joab (el capitán del rey) salió de hablar con David (que para este tiempo ya era rey de Israel), mandó a decirle a Abner que regresara, pero sin decírselo a David.

Abner ya había llegado al pozo de Sirá, pero regresó a Hebrón. Tan pronto como llegó a la entrada de la ciudad, Joab lo llevó aparte, como si quisiera decirle algo a solas, y le clavó un cuchillo en el estómago. Así fue como Joab y su hermano Abisai se desquitaron de la muerte de su hermano Asael en la batalla de Gabaón.

Cuando David supo lo que había pasado, dijo:

«Juro por Dios que ni yo ni mi gente tenemos la culpa de la muerte de Abner. Que Dios castigue a Joab y a toda su familia. Que entre ellos siempre haya enfermos. Que la piel se les pudra y sus heridas no se cierren. Que haya entre ellos cojos, y que se mueran de hambre o que los maten en la guerra».

Luego David les dijo a Joab y a todos los que estaban con él: «En señal de tristeza, rompan la ropa que llevan puesta y vístanse con ropas ásperas, y lloren por Abner».

Abner fue enterrado en Hebrón. El día que lo enterraron, el rey David iba adelante del grupo. Toda la gente lloraba mucho, y también el rey lloraba sin consuelo ante la tumba de Abner. Y decía:

«¡Abner no merecía morir así! ¡Bien pudo haber escapado! ¡También pudo haberse defendido! En cambio, ¡murió asesinado!»

La gente no dejaba de llorar, y todo el día le insistieron a David que comiera algo. Pero David les respondía: «No comeré nada antes de que anochezca. Que Dios me castigue muy duramente si lo hago».

Esto que dijo el rey le pareció bien a la gente, ya que todo lo que David hacía les agradaba. La gente se dio cuenta de que el rey no era culpable de la muerte de Abner.

Luego el rey les dijo a sus oficiales: «¿Se dan cuenta de que hoy ha muerto en Israel un gran hombre? ¿De qué me sirve ser el rey, si no pude evitar que Joab y Abisai lo mataran? ¡Que Dios les dé su merecido por la maldad que cometieron!»" II Samuel 3:27-39 (TLA)

David se lamentó mucho cuando Abner murió en las manos de Joab. Cuando Abner estaba dentro de las murallas de la ciudad de refugio su vida estaba a salvo. Si David hubiera sabido los planes de Joab, hubiera prevenido a Abner inmediatamente, pero Joab se escondió de David.

Y lo mismo sucede el día de hoy, hay muchos que no se dan cuenta que el enemigo está escondido, y los está llevando fuera de la zona segura de la Palabra de Dios para llevarlos a la enfermedad y finalmente a la muerte.

¿Deseas morir como un necio, como Abner? Yo no quiero eso, quiero estar dentro de la zona segura de la Palabra de Dios, y espero que tú también lo desees así.

En cierta manera, estoy desesperado por que este mensaje llegue a mi generación y a la venidera. ¿A cuántos podremos prevenir de enfermedades y muertes prematuras?

Todos los caminos de Dios son rutas pavimentadas que te llevarán a salvo a tu destino. Sal de tu camino de barro, donde estás atorado y súbete al camino pavimentado de Dios y Su Palabra. Mira lo que Él tiene para decir: "Goteará como la lluvia mi enseñanza; Destilará como el rocío mi razonamiento; Como la llovizna sobre la grama, Y como las gotas sobre la hierba". Deuteronomio 32:2

Cómo aplicarlo el día de hoy

Dios nos ha dado direcciones de cómo cuidar nuestro cuerpo. ¿Sabías que Dios también está interesado en tu cuerpo?

"Que el Dios de paz los mantenga completamente dedicados a su servicio. Que los conserve sin pecado hasta que vuelva nuestro Señor Jesucristo, para que ni el espíritu ni el alma, ni el cuerpo de ustedes sean hallados culpables delante de Dios". 1 Tesalonicenses 5:23

Ya que nuestro cuerpo es Su templo y su habitación, también le vamos a dar cuentas a Dios del uso y abuso que le demos a nuestro cuerpo. Hemos sido hechos los custodios de la casa de Dios, donde mora su Presencia y tendremos que dar cuentas en el Tribunal de Cristo.

Cuando órganos vitales y miembros de nuestro cuerpo son destruidos, nuestro cuerpo muere. Corazón, pulmones, intestinos, hígado, páncreas, riñones, etc. Todos estos miembros son destruidos debido al mal trato que se les dio, por falta de conocimiento, o porque rechazaron el conocimiento.

Algunas personas fallecen porque no tomaron las

medidas preventivas y otros mueren a causa de diversas enfermedades. Sea como sea, Dios nos recuerda: "Mi pueblo fue destruido, porque le faltó conocimiento". Oseas 4:6

Lo malo de esto es que el mal que se hace al cuerpo ya no tiene solución y muchas enfermedades ganan tal terreno que ya no pueden ser detenidas. ¿Te imaginas cuánta gente habrá muerto antes de tiempo sufriendo muertes realmente horribles?

Todo lo que estudiaremos en este libro estará completamente basado en la Palabra de Dios. Yo sé que tenemos convicciones fuertísimas en nuestro corazón, y está bien, sólo que te pido que examines todas tus convicciones a la luz de las Escrituras para que si descubres que tienes algo que cambiar lo hagas cuanto antes.

Te aseguro que nuestras vidas secas se convertirán en fuentes de bendiciones y nuestros desiertos se volverán como los jardines del Edén.

El Creador del Universo no necesita recomendaciones para que nosotros le creamos a lo que nos dice en Su Palabra, debemos creerle por el simple hecho que es Dios quien nos lo está diciendo.

Dios, en el libro de Job, del capítulo 38 al 41, hace preguntas que ningún hombre puede contestar. Preguntas tales como "¿Alguna vez en tu vida le has dado órdenes al sol para que comience un nuevo día? ¿Alguna vez en tu vida le has dado órdenes a la tierra para que se quite de encima a los malvados? ¿Has bajado al fondo del mar para ver dónde nace el agua? ¿Has bajado al reino de la muerte y visitado a los muertos? ¿Sabes dónde viven la luz y la oscuridad? ¿Puedes llevarlas al trabajo, y regresarlas a su casa? (Job 38:12-13,16-17,19-20, TLA)

Ante semejantes interrogaciones, Job llega a una conclusión:

"Yo conozco que todo lo puedes, y que no hay pensamiento que se esconda de ti. ¿Quién es el que oscurece el consejo sin entendimiento? Por tanto, yo hablaba lo que no entendía; Cosas demasiado maravillosas para mí, que yo no comprendía. Oye, te ruego, y hablaré; Te preguntaré, y tú me enseñarás. De oídas te había oído; Mas ahora mis ojos te ven." Job 42:1-5

Mira lo que Dios le dijo a Isaías: "Yo soy Jehová, y ninguno más hay; no hay Dios fuera de mí. Yo te ceñiré, aunque tú no me conociste, para que se sepa desde el nacimiento del sol, y hasta donde se pone, que no hay más que yo; yo Jehová, y ninguno más que yo, que formo la luz y creo las tinieblas, que hago la paz y creo la adversidad. Yo Jehová soy el que hago todo esto". Isaías 45:5-7

Necesitamos entonces aplicar todos los principios que Dios nos enseña en su palabra y cuánto más aquellos que nos dan la clave para la salud y la felicidad en nuestras vidas, ¿no crees? Con todo mi corazón le pido a Dios que nos abra los ojos y nos permita entender sus principios amorosos para nosotros.

Pongamos los fundamentos

Comenzaremos esta sección con dos pasajes muy importantes.

"Porque la palabra de Dios es viva y eficaz, y más cortante que toda espada de dos filos; y penetra hasta partir el alma y el espíritu, las coyunturas y los tuétanos, y discierne los pensamientos y las intenciones del corazón". Hebreos 4:12

"Toda la Escritura es inspirada por Dios, y útil para enseñar, para redargüir, para corregir, para instruir en justicia" 2 Timoteo 3:16

De acuerdo a lo que acabamos de leer toda la Escritura es inspirada por Dios, es decir: no hay nada de más o de sobra, toda la palabra de Dios es útil. Así que es mi obligación enseñar toda la Escritura, no solo una parte ni tampoco lo que sea para mi conveniencia. Y es mi obligación sobre todo al ver un mundo moribundo, desesperado y horriblemente lleno de todo tipo de enfermedades sin solución.

Es en la Palabra de Dios que encontramos maravillosas verdades que nos libertan de todos estos azotes de la humanidad.

"Dijo entonces Jesús a los judíos que habían creído en él: Si vosotros permaneciereis en mi palabra, seréis verdaderamente mis discípulos; y conoceréis la verdad, y la verdad os hará libres". Juan 8:31-32

Desgraciadamente no todos están dispuestos a aceptar estas verdades. Son verdades que con mi esposa hemos probado por 25 años y déjame decirte que sí funcionan. El laboratorio donde las he probado es mi cuerpo y aquí estoy, gracias a Dios, disfrutando de perfecta salud. La mayoría de los problemas de hígado, riñones, artritis, páncreas, corazón, cánceres, aun ataques de nervios y muchísimas enfermedades más tienen su origen en lo mal que comemos.

La gente intenta de todo: remedios caseros, homeopatía, medicinas, prescripciones costosas, médicos, hospitales, oración por sanidad divina, etcétera, etcétera. Ahora bien, no digo que esto está mal, de ninguna manera, ya que tienes que hacer todo lo que te dice el doctor. El problema que veo es que por más que hagamos todo esto, si seguimos por otro lado desobedeciendo al Creador de tu cuerpo al rato vamos a seguir igual que siempre y aun peor.

Si regresamos al Señor y su Palabra, tal vez el Señor nos conceda más años de vida como lo hizo con Ezequías en segunda de Reyes 20:1 -7:

"En aquellos días Ezequías cayó enfermo de muerte. Y vino a él el profeta Isaías hijo de Amoz, y le dijo: Jehová dice así: Ordena tu casa, porque morirás, y no vivirás. Entonces él volvió su rostro a la pared, y oró a Jehová y dijo:

Te ruego, oh Jehová, te ruego que hagas memoria de que he andado delante de ti en verdad y con íntegro corazón, y que he hecho las cosas que te agradan. Y lloró Ezequías con gran lloro.

Y antes que Isaías saliese hasta la mitad del patio, vino palabra de Jehová a Isaías, diciendo:

Vuelve, y di a Ezequías, príncipe de mi pueblo: Así dice Jehová, el Dios de David tu padre: Yo he oído tu oración, y he visto tus lágrimas; he aquí que yo te sano; al tercer día subirás a la casa de Jehová.

Y añadiré a tus días quince años, y te libraré a ti y a esta ciudad de mano del rey de Asiria; y ampararé esta ciudad por amor a mí mismo, y por amor a David mi siervo.

Y dijo Isaías: Tomad masa de higos. Y tomándola, la pusieron sobre la llaga, y sanó".

Ezequías se volvió a Dios, oró y Dios le concedió 15 años más de vida. Tenemos que volvernos a Dios y a su Palabra para poder decir lo que dijo David: "Envió su palabra, y los sanó, y los libró de su ruina". Salmo 107:20

O como dijo Salomón hablando también de Su Palabra: "Porque son vida a los que las hallan, y medicina a todo su cuerpo". Proverbios 4:22

¿De verdad crees que hay salud duradera y genuina para ti? Yo lo creo con todo el corazón.

¿Cuántas veces nos hemos burlado de los que hacen dieta, o los que van a comenzarla? "¿Dieta?" piensan algunos: "Olvídalo, ¿cortar con todo lo que me gusta?, ¡ni de loco!"

Existen tantos patrones de pensamiento dentro del cristianismo tan, pero tan equivocados, que realmente me da vergüenza, porque en un tiempo yo pensé de esa manera.

Yo pensaba que podía comer cualquier cosa y que Dios me iba a mantener sano, ya que Él es Omnipotente y Todopoderoso. Además, pensaba yo, tengo más fe que todos los demás. Y además todo lo que como Dios lo bendice, no estoy bajo la ley. Dios le dijo a Pedro: mata y come de lo que había en el lienzo. Y así acomodaba todos esos textos fuera de contexto para armar un pretexto. Desgraciadamente es este tipo de pensamiento el que nos lleva a la ruina y a las enfermedades que finalmente nos van a llevar a la tumba.

No tomamos en cuenta que Dios al hacer el Universo lo hizo sobre un fundamento de leyes que gobiernan toda la Creación en todos los ámbitos, a todo nivel y en toda esfera.

"¡Busquen las instrucciones y las enseñanzas de Dios! Quienes contradicen su palabra están en completa oscuridad". Isaías 8:20 (NTV)

Hay mucha gente que dice que están tan ocupados que no tienen tiempo para pensar qué van a comer y consumen lo que sea en la calle, desde comidas rápidas hasta mercadería chatarra.

Eso lo dicen solo para impresionar a la gente para que vean qué ocupados viven, pero si realmente no tienen tiempo para pensar en sus alimentos, entonces que se preparen en un futuro cercano a cosechar lo que sembraron. Este tipo de actitud es como haber edificado una casa y decir: "estaba tan ocupado que no tuve tiempo de escoger bien los materiales que le pusimos a la construcción".

Si no revisamos los materiales con los que estamos construyendo nuestra casa orgánica se nos va a derrumbar mucho más pronto de lo que nuestro Arquitecto lo planeó. En la termodinámica hay una ley que dice que para toda causa hay un efecto.

Dios nos podría mantener vivos de forma sobrenatural sin tener que comer nada, pero no lo hace, y la historia nos lo comprueba. Esto es así porque estar sin alimentarnos no es parte de su plan.

Jesús nos lo dice en Mateo 4:4: "La gente no vive sólo de pan, sino de cada palabra que sale de la boca de Dios" (NTV)

El comer y alimentarnos es una ley física, para vivir físicamente necesitamos comer y procurar comer bien.

Oí de un pastor que por el afán de buscar avivamiento en su iglesia ayunó por semanas, rompió la ley física establecida por Dios y finalmente murió. Y se quedaron sin avivamiento ¡pero también sin pastor! Nunca olvides esta verdad: No es el plan de Dios el mantenerte vivo si no comes, y tampoco es el plan de Dios mantenerte sano si no comes bien.

Asimila por favor esta verdad. Si no comes comida, te mueres. Si no comes buena comida, no vas a tener buena salud. Presta a tención a lo siguiente, ya que no es solamente un juego de palabras:

Sin comida = sin vida
Mala comida = mala salud
Buena comida = buena salud
Comida viva = cuerpos vivos
Comida muerta = cuerpos muertos

Las matemáticas no mienten, es así de sencillo. Más adelante veremos en detalle estos conceptos y sé que la lectura de este libro te dará muy buenos dividendos y grandes satisfacciones. Estos son los fundamentos para edificar un cuerpo fuerte y sano que dure mucho tiempo, para que disfrutes la vida y para que sirvas al Señor y a su pueblo por muchos años.

Que Dios, el dador de vida, nos abra los ojos y su Palabra para que entendamos estas verdades tan básicas para nuestra vida. Todo lo que vamos a estudiar tendrán bases únicamente en Las Escrituras, en la Ciencia moderna y en el sentido común.

Estas verdades te van a ahorrar miles de dólares en medicinas, doctores, hospitales y operaciones. Dios quiere añadirnos años de vida y quiere que tengamos una salud vibrante y mucha felicidad.

Extraído del libro: *LA LEY DIETÉTICA - La clave de Dios para la salud y la felicidad.* Por Jorge Lozano

La Alabanza

El Señor es el centro de la alabanza
Salmos 22:3
"Pero tú eres santo, Tú que habitas entre las alabanzas de Israel."

Hebreos 2:12
"Anunciaré a mis hermanos tu nombre. En medio de la congregación te alabaré."

Un día meditaba sobre la música y cómo sería la música en el cielo. Percibí algo que no podía describir.

Estos dos versículos nos dan sólo una vislumbre. Nosotros no estamos en el centro de la alabanza. El Señor está en el centro de la alabanza. La música lo rodea a Él. Él está en medio. El Señor ES el centro de la alabanza.

En el cielo sabremos si Él creó la música o si la música es parte de Él o si Él es música. Por ahora sabemos que la música y la alabanza traen Su presencia y donde está su presencia hay bendición porque trae el ambiente del cielo a la tierra.

La tierra gira de gozo
1 Crónicas 16:23-36

"Cantad a Jehová toda la tierra, proclamad de día en día su salvación.
Cantad entre las gentes su gloria, y en todos los pueblos sus maravillas.
Porque grande es Jehová, y digno de suprema alabanza.
Temed en su presencia, toda la tierra; el mundo será aún establecido, para que no se conmueva.
Alégrense los cielos, y gócese la tierra, y digan en las naciones: Jehová reina.
Resuene el mar, y su plenitud; alégrese el campo, y todo lo que contiene. Entonces cantarán los árboles de los bosques delante de Jehová, porque viene a juzgar la tierra.
Bendito sea Jehová Dios de Israel, de eternidad a eternidad." (I Crónicas 16:23-25, 30-33, 36)
Toma el tiempo de leer toda esta alabanza (I Crónicas 16:7-36) y métete en el canto para sentir que va más allá de simples palabras y es un canto que te eleva hasta toda la creación de Dios...te lleva de eternidad a

eternidad, te lleva a todas las naciones del mundo, todas sus razas, te lleva a la creación de toda la naturaleza en la tierra y todos los universos de las estrellas. Métete en la grandeza de Dios y la grandeza de Su creación.

Parece como si el autor no encuentra suficientes palabras para exaltar al Creador y no cabe en sí de amor por su gran Creador y de su pasión por Él, entonces lo resume todo en la siguiente frase: "Bendito sea Jehová Dios de Israel de eternidad a eternidad."

Hay una cosa que me llama la atención en el versículo 31 - "gócese la tierra". La palabra "gócese" en el original hebreo es "guwl" que significa remolinear, girar. Y eso es exactamente lo que hace la tierra y todos los planetas: giran de gozo, giran gozándose en su Creador.

Toda la tierra se goza en su Creador, por eso dice: "alégrense los cielos y gócese la tierra y sigue hablando de la creación, hablando del mar, el campo, los árboles.

En Job 38:7 leemos que en el día de la Creación las estrellas cantaban y los ángeles gritaban de gozo. ¡Qué momento tan especial fue aquel!

"Entonces el Señor respondió a Job: ¿Quién es éste que pone en duda mi sabiduría con palabras tan ignorantes?...¿Dónde estabas tú cuando puse los cimientos de la tierra? y quién puso su piedra principal mientras las estrellas de la mañana cantaban a coro y todos los ángeles gritaban de alegría?" Job 38:1-7 (NTV)

En el día de la Creación hubo música, hubo alabanza, hubo gozo y júbilo – las estrellas cantaban y los ángeles gritaban de alegría.

Si toda la creación alaba a su Creador ¿no te parece que es nuestro deber alabarle también? Y mejor aún porque tenemos una mente que piensa y boca para emitir, de diversas maneras, nuestra alabanza a la grandeza de nuestro gran Creador.

Ver la alabanza
Salmos 40:3
"Puso en mi boca un cántico nuevo, un canto de alabanza a nuestro Dios; muchos verán esto, y temerán, y confiarán en el Señor." (LBLA)

¿Cómo es que nuestra alabanza se pueda ver? ¿No es que la alabanza es algo que se oye porque lo decimos o cantamos? Entonces, ¿la alabanza no es sólo lo que sale de mi boca?..... Parece que la alabanza se puede ver.

Con banderas, con panderos y danza y cintas etc. etc. y todo lo que se levante para glorificar el nombre de nuestro gran Dios y Padre y Su Hijo y Su Espíritu Santo. Creo que llegó el tiempo de empezar.

La razón de las banderas es que sean vistas. Y que sean

levantadas en alto. Una bandera es inútil si no es levantada....está para ser vista. Se pueden utilizar no sólo en la iglesia sino en tu casa o donde te indique el Espíritu Santo. Una bandera al aire libre, en la calle, cobra fuerza y propósito. Deja que el Espíritu Santo te dé Sus ideas de cómo usar las banderas fuera de la iglesia... que sean vista por muchos y atraigan muchos a Él.

Las marchas para Jesús en las calles de una ciudad son un testimonio grandioso de nuestra fe al exaltar a nuestro Señor y Salvador.

Lo pequeño puede ser grande
Ezequiel 28:13-15
"En Edén, en el huerto de Dios estuviste; de toda piedra preciosa era tu vestidura; ...los primores de tus tamboriles y flautas estuvieron preparados para ti en el día de tu creación. Tú, querubín grande, protector, yo te puse en el santo monte de Dios...Perfecto eras en todos tus caminos desde el día que fuiste creado, hasta que se halló en ti maldad."

En este pasaje leemos sobre la creación de un querubín grande – un acontecimiento que ocurre antes de la creación de la tierra. Vemos que Dios le preparó para este ser la más hermosa vestidura y también hubo música para la celebración. Cuando habla de tamboriles está haciendo referencia a lo que conocemos como el pandero.

Muchos pueden despreciar el pandero por ser tan simple y sencillo pero si te das cuenta que este pequeño instrumento existió en el cielo aún antes de la tierra entonces te das cuenta que fue ideado por Dios y no por el hombre y entonces puedes detenerte a pensar que tal vez sea más importante que lo que uno se imagina.

Este 'pequeño' instrumento fue lo que se utilizó para celebrar una ocasión de suma importancia. Se acaba de crear un ser excepcional, como ningún otro. Y junto con las flautas de sonido bello se usa un pandero o tamboril 'sencillo'.

Creo que hay una lección aquí. Creo que Dios nos enseña que aún lo más sencillo y lo más simple en las manos de Dios, puede ser algo muy grande. No despreciemos las personas simples por no ser 'los mejores'; cada persona tiene su lugar especial en el Cuerpo de Cristo.

Dios escogió justamente lo sencillo – un pandero – porque todas las personas lo pueden utilizar. No hace falta meses ni años de estudio para lograr tocarlo bien. Es más eficaz que aquellos instrumentos porque cualquiera lo puede tocar inmediatamente. Y de esa manera Dios no hace acepción de personas – todos son igual de importante para Él.

Si el pandero ha sido ideado por Dios tal vez tendríamos que darle más importancia y usarlo más. El pandero queda por lo general a un costado por ser un instrumento de poca importancia – ni lo miran y no lo tienen en cuenta. Pero este pequeño e 'insignificante' instrumento en manos de un creyente lleno de fe es un bello instrumento de alabanza a Dios como también un arma poderosa que hace guerra en las esferas espirituales. Conozco muchos creyentes así que conocen el valor de este instrumento que sale del corazón de Dios.

Una alabanza extravagante
Sal 66:2
"Cantad la gloria de su nombre; poned gloria en su alabanza."

Cantemos y alabemos Su gloria, Su majestad, Su magnificencia, Su grandeza. Pongamos gloria en su alabanza. Esto involucra excelencia...hacerlo con todo mi ser, con todas mis fuerzas, con todo mi mente y con todo mi corazón; involucra pasión.

Cuando un país recibe al jefe de estado de otra nación le honran – se colocan banderines en las calles y sale la banda de música para agasajar una visita importante.

¿Cómo se festeja al equipo de fútbol que ha ganada la Copa Mundial? La gente emplea diversas maneras para expresar su gozo y honran a ese equipo; con risa, aplausos, música, color, banderas, pancartas, papel picado, se pintan la cara, se visten de los colores del equipo etc. ¿Vamos a honrar al Rey de reyes de una manera inferior? Selah (Haz una pausa y piensa en eso).

¡No hay honra suficiente para nuestro Rey! ¡Jamás podremos excedernos al intentar honrarlo! Él merece infinitamente más de lo jamás se nos pudiera ocurrir para honrarle. Empecemos ya a ser excesivos en honrarle y pongámosle gloria a nuestra alabanza a Aquel que nos ha comprado la salvación y la vida eterna.

A Dios le gusta mucho colorido, mucho brillo, el dorado, el plateado, todo lo que pueda realzar Su majestad y esplendor. Cuando Jesús vivió en la tierra fue despreciado y rechazado y le quitaron todo su atractivo y belleza (Isaías 53:2,3). Ahora debe ser vindicado y debemos darle la honra del cual es digno y debemos exaltarlo como Rey. Por eso le brindamos el mejor homenaje, los mejores colores, la mejor música, la mejor adoración.

Cuando usamos nuestros instrumentos de exaltación: los panderos, las banderas, las cintas y mantos, el shofar o cualquier otra manera de expresión, junto con nuestra alabanza y adoración, estamos anunciando proféticamente la llegada de la gloria de Dios en la venida de nuestro Rey Jesucristo. Estamos 'abriendo las puertas para que entre el Rey de Gloria' (Salmo 24:9).

Extraído del libro: **PERLAS DE GRAN PRECIO** - *Descubriendo verdades escondidas de la Palabra de Dios.* Por Diana Baker

El Calendario Festivo Judío y la Etapa del Embarazo

"Y sucedió que mientras estaban ellos allí, se cumplieron los días de su alumbramiento. Y dio a luz a su hijo primogénito." Lucas 2:6,7

Si pudiéramos explicar todas las cosas, Dios no sería Dios. No nos debe sorprender que haya tanto que no sólo no podemos entender sino que tampoco podemos imaginar que exista.

Podemos tomar la Biblia como un libro común y leer los acontecimientos allí escritos. Pero cuando pedimos al Espíritu Santo que nos ayude a entender, entonces la Biblia llega a ser un libro abierto y fascinante donde las palabras que leemos cobran vida para nuestra situación particular y nos da sabiduría y consuelo para cada área de nuestra vida.

Para aquellos que reconocen que la Biblia ha sido escrita por hombres pero inspirados por Aquel que conoce los pensamientos de cada persona viva, la Palabra ha sido motivo de una investigación más minuciosa de sus escritos y de llegar a asombrosos resultados que comprueban que sólo Dios, un ser sobrenatural, puede haberlo ensamblado y ser el Autor de un libro tal.

Aunque nuestro Dios es tan grande que no podemos conocer ahora en Su totalidad, no obstante, Él desea hacerse conocer y desea estar cerca de nosotros como Amigo y Padre. Con tal fin es maravilloso cuando Dios revela Sus secretos y podemos vislumbrar lo que estaba escondido.

Como ya se ha visto, el calendario judío es muy preciso y exacto y a muchos les gusta investigar y realizar sus propios cálculos.

Las fórmulas de Dios dominan nuestra vida humana y terrenal y son evidentes si lo buscamos dentro de Su creación. Sin duda los designios de Dios van mucho más allá de lo que aquí podríamos imaginar pero a veces Él permite que veamos algunas de ellas.

Podemos detallar algunos datos interesantes y a la vez asombrosos sobre el nacimiento de un bebé desde una perspectiva bíblica.

Zola Levitt, un hebreo cristiano y estudioso de la Palabra nos cuenta algo sorprendente acerca del sistema de las siete fiestas judías en su libro "The Seven Feasts Of Israel".

Sus editores le pidieron que escribiera un libro sobre el nacimiento de un bebé desde una perspectiva bíblica. El libro sería un regalo para los esposos cristianos al acontecer el bendito evento. Así describe Zola Levitt su aventura en este descubrimiento fascinante:

"Esta asignación agradable me llevó a las muchas historias de nacimientos fascinantes de la Biblia, incluyendo, por supuesto, el maravilloso nacimiento de nuestro Señor. Pero preferí hacer algo más que celebrar una nueva llegada, hay muchos libros adecuados para tales fines. Más bien quería encontrar algún principio teológico, tal vez alguna verdad oculta en las Escrituras, acerca de cómo nacemos cada uno de nosotros. Quería saber si las Escrituras guardaran algún secreto de cómo Dios nos hace.

Para ello me puse en contacto con la doctora Margaret Matheson, una amiga quien conoce la Biblia, y es una muy buena obstetra quien ha asistido con sus conocimientos profesionales en el nacimiento de más de diez mil bebés.

Indague con Margaret sobre el embarazo en general,

cómo se calcula y cómo el bebé se desarrolla dentro de la madre.

Me enteré de que el promedio de embarazo es de 280 días, y se cuenta desde el primer día del último ciclo menstrual antes de la concepción. Realizar cálculos en el calendario judío es más bien una de mis aficiones, y tomé estos 280 días y los comparé con el 'año judío ideal'.

El año judío ideal empezaría exactamente en el equinoccio de primavera, en el primer día de Nisán, en la luna nueva del primer mes, que ocurre en el primer día de la primavera, el 21 de marzo. Curiosamente, me encontré con que un embarazo de 280 días, que comenzó el 21 de marzo, terminaría en una fecha muy interesante, el 25 de diciembre. No sabemos si el día de Navidad fue en realidad la fecha del nacimiento de nuestro Señor, pero sí sabemos que el 25 de diciembre es la fecha exacta de Janucá, la Fiesta de la Dedicación, que nuestro Señor mismo conmemoró.

"Era invierno, y en Jerusalén estaban celebrando la fiesta en que se conmemoraba la dedicación del templo." Juan 10:22 (DHH)

Ese descubrimiento me llevó a pensar que efectivamente debe haber algo muy significativo, con referencia a la Biblia, en la duración del embarazo, y le pedí a Margaret que me diera más detalles. Y realmente fue lo que dijo a continuación lo que me dio la primera luz de este sistema que estoy a punto de divulgar.

Le pregunté cómo se hace el bebé y cómo crece, y ella comenzó con esta afirmación:

"En el día catorce del primer mes, aparece el óvulo."

Esa frase me sonaba muy familiar – son las mismas palabras de Levítico 23:5 - "el día catorce del primer mes" - la instrucción original de Dios para la observancia de la Pascua.

Los judíos utilizan un huevo en la mesa de la Pascua como un símbolo de la nueva vida que se les fue otorgada por el sacrificio del cordero en Egipto.

El huevo (óvulo) es un símbolo apropiado para representar una nueva vida, y fue fascinante descubrir que en el día catorce del embarazo sucede lo mismo que en el día catorce del año festivo de Dios: trae la oportunidad de una nueva vida.

Me parecía que no podía ser una simple casualidad. Y estaba ansiosa de saber si el desarrollo del bebé sería paralelo con la distribución de las siete fiestas. Estaba empezando a emocionarme pero no se lo revelé a Margaret. Yo no quería en absoluto, animarla a justificar los hechos, sólo para demostrar una verdad bíblica. Le pregunté con cuidado, teniendo en cuenta que la próxima fiesta, los Panes sin Levadura, debía ocurrir la noche siguiente, el día quince del primer mes, de acuerdo con Levítico 23:6.

"Y el día quince de este mismo mes es la fiesta solemne de los Panes sin levadura en honor del Señor." (Versículo 6)

Así que le pregunté cuán pronto debía ocurrir la fecundación del óvulo de la madre, si el embarazo había de efectuarse.

Su respuesta fue muy clara y muy definida. *"La fertilización debe ocurrir dentro de las veinticuatro horas o el óvulo seguirá su camino."*

Esta novedad era muy emocionante. No sólo ocurren los dos eventos prenatales trascendentales en los días correctos, pero también son los eventos apropiados. El óvulo, por supuesto, representa la Pascua, y la fertilización - la siembra de la semilla – representa los Panes sin Levadura, la sepultura de nuestro Señor. Su crucifixión en la Pascua dio a cada uno de nosotros la posibilidad de la vida eterna. Su sepultura en la tierra, preparado para cada uno de nosotros, nos dio la oportunidad de una gloriosa resurrección venidera.

Ahora le pregunté acerca de las Primicias. Me di cuenta que esta tercera fiesta no cae en un ciclo de tiempo definido. Simplemente ocurre el domingo durante la semana de los Panes sin Levadura. Podría ser el día después, o podría ser a casi una semana. Entonces pregunté con cautela lo que ocurre después en el proceso del parto.

"Bueno, eso es un poco indeterminado." me dijo. "El óvulo fertilizado baja por el tubo a su propia velocidad hacia el útero. Se puede tomar de dos a seis días antes de que se implante".

Me encantó que haya usado la palabra 'implante', ya que tiene que ver con la fiesta de las Primicias y con la siembra de primavera, y además era el término técnico correcto. El término médico es "la implantación." Esto marca el momento en que el óvulo fecundado llega a salvo al útero y comienza su crecimiento milagroso para llegar a ser un ser humano.

Margaret y yo estábamos muy pronto ocupados estudiando una pila de libros de texto de obstetricia, gráficos embrionarios y, por supuesto, las Escrituras, en varias traducciones.

Aún mi amiga no sabía la verdadera razón de mis preguntas. Solamente le pedía que me explicara cómo se desarrollaría el pequeño óvulo fertilizado, sin decirle que yo esperaba que siguiera una agenda muy precisa y que esta cumpliera exactamente con el calendario de las fiestas judías.

Probablemente no sea necesario que diga que estaba conteniendo la respiración en ese momento. Tenía la esperanza de que se hubiera descubierto algo novedoso y a la vez verdadero. Lo que ya había aprendido era asombroso. Sin duda, Dios diseñó la concepción de cada uno de nosotros, de acuerdo con esas tres primeras fiestas majestuosas, que fueron cumplidas tan adecuadamente por nuestro Señor.

¿Pero continuaría el sistema? La siguiente fue la pregunta difícil. Parecía que las cosas estaban sucediendo rápido en la agenda del embarazo, pero ahora en el calendario de las siete fiestas venía un tiempo de espera larga hasta Pentecostés. Le pregunté a la obstetra con cautela cuál sería el siguiente desarrollo en el óvulo implantado.

"Bueno, por supuesto, tenemos un embrión en desarrollo lentamente aquí por mucho tiempo", dijo. "Pasa por etapas, pero no hay realmente ningún cambio dramático hasta que se convierte en un feto real. Ese es el próximo gran evento. Usted puede verlo todo aquí en el gráfico." Y ella volvió su libro médico hacia mí para que yo pudiera ver una página dividida como un calendario, que mostraba las primeras semanas del desarrollo embrionario.

Miré los pequeños cuadros en los libros con lo que parecía un renacuajo, que pronto desarrollaba aletas, y luego comenzaba a parecerse a un pequeño hombre de Marte, y así sucesivamente hasta la última imagen en la página. Allí vi a un bebé humano, y al lado de ese dibujo, el mensaje con las mismas palabras de la Biblia, "Cincuenta días."

Tratando de ocultar mi emoción, le pregunté, "¿El día cincuenta es importante?"

"Bueno," dijo la obstetra, "hasta el día cincuenta no sabes si vas a tener un perro o un pato. Pero en el día cincuenta del embrión, se convierte en un feto humano."

Frases bíblicas venían a mi mente. *"Una nueva criatura"* parecía ser la frase más apropiada para el acontecimiento trascendental del cambio, desde una forma de vida indiscriminada como embrión, a lo que era sin duda un ser humano en toda su esencia.

Ciertamente, en ese día de Pentecostés, en el templo, los israelitas aún no regenerados se convirtieron verdaderamente en *"nuevas criaturas"*. Se volvieron espirituales. Recibieron la vida eterna. Ya no eran lo mismo ahora que antes.

"De modo que si alguno está en Cristo, nueva criatura es; las cosas viejas pasaron; he aquí, son hechas nuevas." II Corintios 5:17 (LBLA)

Ellos ahora pasarían a otra vida fuera de los confines del cuerpo carnal en la que se encontraban, de la misma manera que el feto se adelanta a otra vida fuera del cuerpo de su madre.

Margaret me informó de que cada evento programado en el nacimiento del bebé varía algo según el caso particular, como también la duración de todo el embarazo podría variar de una mujer a otra. El gráfico del libro de medicina medía sus cincuenta días desde la fecundación, y no desde la implantación (que sería los Primeros Frutos en las Escrituras), pero las variaciones entre los embarazos explicarían la diferencia. Sustancialmente, después de la séptima semana, después de la concepción, este embrión - esta forma de vida inhumana - se convertiría en una criatura creada a imagen y semejanza de Dios.

La siguiente pregunta que le hice a Margaret fue sobre el primer día del séptimo mes. Tenía la esperanza de que no hubiere grandes acontecimientos durante este período largo del verano en el calendario de las fiestas, y de hecho, no había ninguno. Parece que una vez que el feto ya ha iniciado su crecimiento como un ser humano en espera del nacimiento, hace su progreso de manera bastante general sin que nada trascendental suceda. Me daba cuenta, que el bebé se desarrolla muy temprano y ahora en esta etapa sólo debe aumentar en tamaño y peso. Pero, por supuesto, hay algunas pequeñas perfecciones que serán añadidas por la mano del Creador, y yo estaba encantado de encontrar que uno de estos coincidía exactamente con la siguiente festividad.

La perfección que llega justo al comienzo del séptimo mes, es la audición del bebé.

Los libros de medicina de Margaret, establecían de que a esta altura la audición del bebé estaba ya plenamente desarrollada. En el primer día del séptimo mes, el bebé podría discriminan un sonido como lo que realmente era. Por ejemplo, ¡que una trompeta es una trompeta! Justo a tiempo para que el Señor descienda del cielo con voz de mando y con el sonido de la trompeta de Dios, ¡y para que el bebé pudiera percibir los sonidos!

Ahora yo estaba buscando una referencia a la sangre - es decir, la sangre que representaría la sexta fiesta, el Día de la Expiación. Este día se destaca por ser el día cuando se realizaba el sacrificio de sangre. Quería saber específicamente si había algún desarrollo particular en el décimo día del séptimo mes. Yo todavía tenía cuidado de no dar a entender lo que verdaderamente estaba buscando. Si me hubiera dicho: "Los codos están ya están formados", entonces supongo que mi 'sistema' se hubiera terminado allí. Pero de alguna manera yo ya estaba muy confiado, y la obstetra no me defraudó.

Citando su libro de texto, Margaret dijo que los cambios importantes ahora, en efecto, estaban en la sangre. Es necesario que la sangre fetal, que lleva el oxígeno de la madre a través del sistema del bebé, cambie de manera tal que el bebé mismo pueda llevar el oxígeno que obtendrá al nacer. El feto no respira, sino que depende del oxígeno obtenido a través de la circulación sanguínea de la madre. Técnicamente, la hemoglobina de la sangre tendría que cambiar de la del feto a la de un ser humano, en cuyo cuerpo la sangre y el aire circulan por sí mismos.

Naturalmente, este sistema debe ser cambiado antes del nacimiento, y se produce ese cambio, de acuerdo con los libros de texto de Margaret, en la segunda semana del mes séptimo, y para ser más preciso, ¡a los diez días!

Me vino a mi mente la frase *"La sangre es aceptada para perdón de pecados."*

En Levítico 17:11 leemos la declaración de Dios:

"...yo os he dado la sangre para hacer expiación sobre el altar por vuestras vidas." (BLP)

De hecho, cada persona de Israel tenía que presentar su ofrenda de sangre al Señor por medio del sumo sacerdote en el Día de la Expiación. Si esa sangre era aceptable, entonces habría vida. Del mismo modo, en el feto, cuando la sangre fuese madura, habría vida.

Pero, por supuesto, el feto no está listo para nacer. Quedaba aún otra fiesta, y yo ya estaba bastante seguro de que Margaret me daría el cumplimiento adecuado. Le pregunté por el día quince del séptimo mes, y ella inmediatamente reconoció la fecha como el comienzo del período de un parto seguro.

"Verás, en esa fecha los pulmones ya están

desarrollados." dijo. "Mientras puedan funcionar sus pequeños pulmones, entonces podemos sacarlos adelante, incluso si nacen en esta fecha tan temprana. Pero si decide nacer antes de que los pulmones estén completamente formados, tendría muy pocas posibilidades. Pero para el día quince del séptimo mes, un bebé normal tiene dos pulmones sanos, y si nace en este momento, puede respirar por sí mismo y vivir. "

La Fiesta de los Tabernáculos, pensaba yo pero, por supuesto, el Tabernáculo es la casa del Espíritu, el Espíritu es el aire en la Biblia. ¿Acaso Dios no sopló el aliento en Adán para hacerle vivir? ¿Acaso Jesús, no sopló sobre sus discípulos para que reciban el Espíritu Santo? Y más aún, en la visión de Ezequiel de los huesos secos, (Ezequiel 37) Ezequiel vio a Dios crear seres humanos cuando unió a esos huesos muertos, y tendones y músculos y luego le dio la orden al profeta:

"El me dijo: Profetiza al espíritu, profetiza, hijo de hombre, y di al espíritu: "Así dice el Señor Dios: 'Ven de los cuatro vientos, oh espíritu, y sopla sobre estos muertos, y vivirán.'"

Ezequiel 37:9 (LBLA)

La Fiesta de los Tabernáculos es el final del camino - el final de las fiestas, el fin del plan de Dios, el comienzo del Reino. El bebé viviría si naciere durante la Fiesta de Tabernáculos. El creyente vivirá una vez que entre en el Reino.

La Luz Eterna

Seguí investigando este sistema aún más, aunque ya había visto, en las fiestas que Dios instituyó en el monte Sinaí, un paralelo en el nacimiento de cada uno de nosotros. Todavía quedaba para considerar el período de 280 días, que lleva hasta el momento de un alumbramiento normal.

Ahora tenía tal confianza en la lógica de la Biblia, que saqué mi calendario judío otra vez y trabajé con el festival añadido de la Dedicación, Janucá. No fue dado por Dios en el monte Sinaí, pero fue profetizado por Daniel (Daniel 8:9-14), y tuvo lugar en el año 167 AC cuando el Templo fue dedicado de nuevo.

"De uno de ellos salió otro cuerno pequeño, que creció mucho hacia el sur, hacia el este y hacia la Tierra de la Hermosura. Tanto creció que llegó hasta el ejército del cielo, derribó parte de las estrellas y las pisoteó, y aun llegó a desafiar al jefe mismo de ese ejército; suprimió el sacrificio diario y profanó el lugar de adoración. Perversamente hizo que su ejército acampara donde antes se ofrecía el sacrificio, y echó por los suelos la verdad. Hizo, en fin, todo cuanto quiso, y en todo tuvo éxito.

Después oí que un ángel le preguntaba a otro ángel: "¿Cuándo va a terminar esto que se ve en el altar del sacrificio diario? ¿Cuánto va a durar el horrible pecado de entregar el santuario del Señor y los creyentes en él, para ser pisoteados?" Y la respuesta fue: "Hasta dos mil trescientas tardes y mañanas. Después de eso, el santuario será purificado."

Daniel 8:9-14 (DHH)

La naturaleza de Janucá tiene que ver con la luz eterna en el Templo (y en todas las sinagogas en la actualidad). Dios había hecho un gran milagro en la ocasión en que Antíoco entró en el templo y sacrificó un cerdo sobre el altar. Los Macabeos lo echaron pero sólo encontraron una lata preciosa de aceite consagrado – el suministro de un sólo día - con el que mantener la luz eterna. Sin embargo, un gran milagro contestó sus oraciones. El aceite duró ocho días y se mantuvo la luz hasta que más aceite estuvo listo. Y así, los judíos todavía encienden una vela cada noche durante ocho noches en la Fiesta de Janucá.

Encontré lo que yo esperaba en el calendario judío. Que después de la Fiesta de Tabernáculos, la Fiesta de Janucá se realiza a la cantidad exacta de días como para coincidir con el verdadero nacimiento del bebé.

Se me ocurrió, mientras trabajaba con el calendario judío, que los 280 días expresan exactamente diez de esos misteriosos ciclos de la luna de veintiocho días. Creo que ese sistema está más de acuerdo con la forma en que Dios planearía las cosas y no nuestra estimación en el Occidente de un embarazo de nueve meses.

De todas formas, el período de ocho días de Janucá

representa, en su mayor parte, incluso los nacimientos fuera de término, y esta fiesta añadido ha dejado claramente un gran símbolo para todo el sistema. Más allá de los Tabernáculos - más allá del Reino - tenemos la eternidad con Dios. Esta es, pues, el cumplimiento de la luz eterna.

Nace un Rey

Todas las conclusiones antes mencionadas las he expuesto tal como las descubrí al hacer la investigación con mi amiga, la obstetra. No ha sido mi intención crear gráficos médicos de precisión en calendarios técnicos etc. Eso mismo pueden hacer los de mentes científicas que lo harían mucho mejor. Pero dudo que se pudiera encontrar un defecto, ya que estamos tratando aquí con la Palabra de Dios, y eso es lo más importante de este descubrimiento tan interesante.

Esto demuestra que la Biblia no es sólo la poesía o la mitología de alguien. No hace falta que tomemos la defensiva sobre este tema y digamos que sólo 'creemos' en la Palabra. Observé con gran respeto como la doctora cuidadosamente copiaba las fechas de las siete fiestas del libro de Levítico en sus propios libros de texto de obstetricia, para que pudiera seguir más detalladamente los embarazos de sus pacientes en el futuro. Vi que ella creía totalmente algunas cosas que no había visto antes en todo el tiempo que ella había supervisado todos los embarazos. Yo vi que lo que dijo

Dios en el Monte Sinaí es eficaz aún hoy, y útil de una manera científica.

Y más que eso, también me di cuenta de que cada uno de nosotros ha cumplido con las siete fiestas de una manera única, en realidad, ¡aún antes de haber nacido! Ciertamente, cada uno de nosotros nos desarrollamos en el útero de nuestra madre según el calendario de las fiestas, como se ha explicado anteriormente.

En la teoría de la evolución, se enseña que el embrión y el feto, en el pasado, pasaron por una serie de cambios en su desarrollo a través de otras especies, y así finalmente se produjo el ser humano.

Pero Margaret dijo en palabras sencillas que la explicación de las siete fiestas era mucho mejor, y que de todas maneras, esa teoría de la evolución nunca le había convencido científicamente. Más bien, podemos ver que el Creador, quien es eficiente a la perfección, ha usado ciertas estructuras de un organismo a otro, en el montaje y desarrollo de cada una de estas criaturas especiales. Y con su obra maestra, el Hombre, Dios incorpora este magnífico calendario de las ocasiones festivas y cumplimientos proféticos.

Sepamos o no sobre el desarrollo y el significado las fiestas, ¡cada uno de nosotros las ha cumplido!

Y, por último, de una manera grande y cósmica, estamos viendo a Jesús 'nacer' como Rey. Lo vimos nacer en la tierra como el Cordero de Dios, y su vida se apagó rápidamente, pero no antes de que llevara a cabo Su gran propósito. Pero en cierto modo mayor, hemos de verlo venir como Rey cuando la gran Fiesta de Tabernáculos llegue para todos los creyentes. Hemos visto a nuestro Señor hacer Su progreso a través de la Pascua, los Panes sin Levadura, los Primeros Frutos y Pentecostés. Le veremos pronto - así oramos - en esa Fiesta de las Trompetas, y volveremos con él en el día de la Expiación. Pero Su ciclo de nacimiento será completado, por así decirlo, será cuando le veamos coronado como el Rey legítimo de esta creación, cuando se alcance el último Tabernáculos.

Cada uno de nosotros, entonces empezará esa magnífico vida con Dios que se nos ha prometido, y nuestro Señor comenzará Su Reinado como Rey – reinado que ha retardado con tanta paciencia mientras trabajamos en Sus campos.

La voluntad de Dios

Pensé que todo lo que acabo de exponer haría un libro grandioso, pero sorprendentemente, el editor lo rechazó. Me había costado mucho tiempo acumular el material y presentarlo como libro y el interés de la compañía ya estaba en otro lugar. Lo intenté con un segundo y aún un tercer editor, pero sin resultados.

Yo estaba confundido por esto. ¿Por qué Dios cerraría una puerta por la cual se había obtenido tanta luz?

Finalmente llegué a la conclusión de que escribiría el material que tengo aquí, en una pequeña guía de estudio que produzco yo mismo. Sin embargo, el tiempo iba pasando y yo seguía posponiendo la tarea.

Seguía sintiendo que Dios me animaba todo ese tiempo. ¿Acaso no era éste uno de esos "años perfectos" cuando Janucá y Navidad caen en la misma fecha? ¿No sería éste un año apropiado para este libro? Pero me quedé por ahí como el reticente Gedeón, aparentemente esperando más de una señal. Finalmente, Dios me la dio, y a Su manera, típicamente apropiada.

¡Mi esposa quedó embarazada!

La voluntad de Dios es la voluntad de Dios. ¡Finalmente me he sentado a escribir! Y el pequeño o pequeña Levitt llegará, si esa es la voluntad de Dios, en febrero de 1979. Y si yo dijera estas palabras muy cerca de su hogar seguro en el vientre de su madre, él oiría, yo sé, porque él acaba de pasar su primera Fiesta de las Trompetas. La semana que viene Dios cambiará la sangre de mi bebé y lo hará aceptable, y la semana después de eso, Él le proporcionará aquellos tabernáculos del Espíritu, los pulmones.

Que todos podamos escuchar la voz de nuestro Padre, conforme Él nos las revela, las cosas que están en Su Palabra." (Zola Levitt)

Extraído del libro: ***EL PODER ESPIRITUAL DE LAS SIETE FIESTAS DE DIOS*** - *Descubre la relevancia que estas celebraciones tienen para el cristiano y los eventos futuros.* Por Diana Baker

La eternidad abre su puerta al hombre

"Después de esto miré, y allí en el cielo había una puerta abierta. Y la voz que me había hablado antes con sonido como de trompeta me dijo: «Sube acá: voy a mostrarte lo que tiene que suceder después de esto.» Al instante vino sobre mí el Espíritu y vi un trono en el cielo, y a alguien sentado en el trono. El que estaba sentado tenía un aspecto semejante a una piedra de jaspe y de cornalina. Alrededor del trono había un arco iris que se asemejaba a una esmeralda. Rodeaban al trono otros veinticuatro tronos, en los que estaban sentados veinticuatro ancianos vestidos de blanco y con una corona de oro en la cabeza. Del trono salían relámpagos, estruendos y truenos. Delante del trono ardían siete antorchas de fuego, que son los siete espíritus de Dios, y había algo parecido a un mar de vidrio, como de cristal transparente." (4:1-6a)

Versículo 1, *"Después de esto miré y he aquí una puerta abierta en el cielo..."* El *"después"* hace referencia, al mensaje que Juan recibiera para las siete Iglesias del Asia menor. De alguna manera, casi inexplicable, Juan estaba sumido en una experiencia gloriosa e imposible de explicar con palabras humanas.

En este punto, Juan como hombre, estaba libre de toda limitación humana. Su espíritu había alcanzado cumbres que ni siquiera él hubiera soñado, en su imaginación, jamás concebir. Recuerde el 1:10: *"Yo estaba en el espíritu en el día del Señor, y oí detrás de mí una gran voz como de trompeta."*

Aquí, la clave ya no es *"oí"*, sino *"miré"*. La versión Nácar Colunga dice así: *"Después de estas cosas tuve una visión, y vi una puerta abierta en el cielo, y la voz, aquella primera que había oído como de trompeta, me hablaba y decía: sube acá y te mostraré las cosas que han de acaecer después de estas"*.

Es notable, como el Espíritu fue llevando progresivamente a Juan a las revelaciones, que de otra manera, él como ser humano no podría haber soportado. ¿Qué ser humano puede soportar una visión de la misma gloria de Dios? Ya hemos visto que Juan cayó como muerto y tuvo que ser fortalecido por él que le hablaba.

Pero aquí, en el primer verso, sigue más interesante la

revelación. Ahora el tiempo se detiene para Juan. Ni siquiera los límites geográficos de la isla de Patmos que contenían a los enemigos políticos y sociales del imperio, podían ahora limitar la libertad en el espíritu que Juan podía experimentar. El había avanzado por sobre todas esas circunstancias. En un sentido muy real el aislamiento al que sus enemigos pretendieron confinarle, solo sirvió para liberarle de las tareas ministeriales que le ataban. Ahora estaba totalmente libre para moverse en la dimensión del Espíritu. Por eso nos dice en el 4:2 *"Y al instante yo estaba en el Espíritu…"* Así debía ser para pasar por esa puerta abierta que se le presentaba delante de él y luego encontrarse en el mismo ambiente celestial del trono de Dios y su gloria.

Qué importante es tomar conciencia, que el sufrimiento por el que pasamos y que muchas veces nos lleva al ayuno y la oración persistente, resulta ser precisamente la preparación para el milagro de Dios, que llevará nuestra vida a dimensiones sin límites de Su amor.

Porque es allí, cuando más fracasados y débiles nos sentimos, que la eternidad se hace presente. Cuando antes solamente podíamos 'escuchar', ahora también podemos 'ver'. La visión es clara, no es para nada borrosa, seguramente porque los ojos de Juan estaban purificados por las lágrimas que en la soledad había derramado por Su amada iglesia.

Cuando Dios aparta a un hombre del bullicio y aún de la actividad religiosa, es porque lo ha llamado para revelarle Su misma gloria. ¡Qué privilegio! Así sucedió con Jesús en el desierto, de manera que a su regreso la Biblia dice "... *que volvió en el poder del Espíritu...*" y comenzó Su ministerio. Así pasó con Juan en la soledad de Patmos. La iglesia nunca volvería a ser la misma después de esta gloriosa revelación.

Dios no podría haber comunicado todo esto a la iglesia, si no contaba con el hombre adecuado – o mejor dicho – totalmente consagrado. A veces, pareciera en nuestra vida personal que no tiene demasiada importancia un pequeño acto de consagración, sin embargo es eso mismo lo que determinará si estamos listos para ser usados en las manos de Dios. En otras palabras, la santidad es vital para una vida de servicio.

La eternidad está mucho más presente que lo que a diario percibimos. Siempre hay una puerta de parte de Dios, pero ¿dónde está el hombre capacitado para entrar y aventurarse en los propósitos de Dios?

Avancemos ahora, al versículo 2. La versión de Nácar Colunga dice: *"Al instante fui arrebatado en espíritu y vi un trono colocado en medio del cielo, y sobre el trono uno sentado"*. Y aquí debemos entonces ordenar, los tres pasos fundamentales para una verdadera revelación:

- *"Miré"*, (1:10)

- *"Vi"*, (4:1)

- *"Fui arrebatado"* (4:2)

Y entonces, Juan es arrebatado en espíritu al mismo cielo, donde si miramos con atención permanecerá hasta el capítulo 10. Según los comentaristas aquí comienza la parte profética del libro. Aunque para mí comienza ya desde el verso uno. ¡Cómo, si no, podríamos explicar tan gran y majestuosa revelación de la persona gloriosa de Jesucristo que Juan recibe y ante la cual, anonadado por la grandeza de lo que ve, le faltan palabras para tratar de describir semejante espectáculo celestial! Porque si queremos recibir profecía entendamos este principio: sin una profunda revelación de la persona de Jesucristo, es imposible que un siervo humano esté capacitado para recibirla. Dios quiere hablar a Su pueblo. Quiere traer palabra profética para este tiempo. Pero hay un requisito: disponibilidad para contemplarle. Allí somos santificados. Es la misma gloria del rostro de Jesús la que nos capacita para recibir Su palabra y no caer muertos a Sus pies. ¡Cuánto amor del Salvador! (2 Corintios 3:18).

Ahora, si queremos entender bien el cuadro general del libro con los elementos que ya contamos, pongamos atención a lo siguiente: los intérpretes preteristas, ven aquí la primera etapa de los eventos que debían suceder dentro de aquella generación.

Los intérpretes históricos, lo consideran el comienzo de las épocas sucesivas del período entero de la historia de la iglesia.

A su vez, los intérpretes futuristas, consideran que el arrebatamiento de la iglesia sucede en el 4:1, y que todo lo que sigue, hasta el capítulo 20, trata de un período de siete años en el tiempo del fin. Esto es para que entendamos un ejemplo de interpretación de las distintas escuelas.

Una visión gloriosa del trono de Dios.

Este traslado glorioso que experimenta Juan (arrebatamiento) no ha sido la experiencia de muchos. Pocos son los que pueden portar estas credenciales divinas. Fue también el caso de San Pablo, ver 2 Corintios 12:2 y ss y versículo 7. Cómo puede marcar a fuego semejante experiencia la vida de un hombre es notable en el desempeño del ministerio de San Pablo. Nada había ya luego para él que fuese más importante que predicar el evangelio. Nada podía ser más trascendente que la salvación de las almas para aquel hombre que había tenido el privilegio de visitar esa misma eternidad. A tal punto que sin conocer al Señor Jesucristo físicamente explicó y enseñó su doctrina con mayor revelación que cualquiera de los que convivieron con él. Nunca podrás saber el alcance milagroso que en tu vida puede producir una mayor profundidad en tu comunión con Él a través del Espíritu Santo.

Tengamos en cuenta, que esta experiencia es un paso más allá de la visión. Juan ve la puerta abierta en el cielo, y sorprendentemente, es arrebatado y entra por esa puerta a la misma eternidad. Allí tiene el privilegio de contemplar pasmado la existencia celestial, como también el anuncio de los acontecimientos futuros que tendrían lugar aquí abajo, en el escenario humano.

Y en los versículos 2 y 3 nos describe *"un trono establecido en el cielo"*, no exactamente su forma, sino que nos dice *"era semejante a piedra de jaspe y de cornalina"*, versículo 2.

Antes de continuar, tengamos en cuenta otro detalle ilustrativo. Según la concepción de los antiguos babilonios, el cielo era considerado como una bóveda sólida, en la que se abren puertas de acceso, seguramente esta idea es la que describe Juan. Por una de esas puertas entra Juan en el cielo donde habita Dios con Su corte celestial.

También, notemos que antes de entrar, escucha la misma voz que al comienzo del relato y ya sabemos que esa voz era la del mismo Jesucristo.

Volviendo al versículo 2, esta descripción de la corte de Dios se encuentra llena de grandeza y significación. Dios aparece como el Señor del Universo y de los siglos. Otro aspecto importante de notar aquí, es que

Juan, objetivamente sabe, que delante de él, el escenario está compuesto de figuras cuya realidad es invisible, por ello no se atreve, como lo hace el profeta Ezequiel - en quien también se está inspirando - a decir:

"Y sobre la figura del trono había una semejanza que parecía de hombre sentado sobre él... Y vi apariencia como de bronce refulgente, como apariencia de fuego dentro de ella en derredor desde el aspecto de sus lomos para abajo, vi que parecía como fuego y que tenía resplandor alrededor". (Ezequiel 1:26, 27)

Así, ante la grandeza de la gloria de Dios y como temeroso judío, Juan no se atreve a presentar esta visión del que está sentado en el trono mediante una descripción antropomórfica de la divinidad.

Recurrirá, más simplemente, al resplandor de las piedras preciosas y del arco iris, versículo 3. Se cree que el jaspe es traslúcido como el cristal y la cornalina (o sardónica), debía de ser de color rojizo muy intenso, y el arco iris aparecía con color esmeralda en sus diversos matices.

¡Qué cuadro majestuoso!... tal era la representación de Aquél, que al decir de Pablo, *"habita en luz inaccesible, y a quién nadie ha visto ni puede ver..."* 1 Timoteo 6:16. Los relámpagos y truenos del versículo 5, denotan la majestad y el poder de Dios.

Cuando Juan escribe, era costumbre de los reyes tener un consejo de ancianos que les asistían en su gobierno.

Y aunque al Rey del cielo y de la tierra, no le hace falta ayuda ni consejo, parece que en la descripción, Juan nos presenta a los 24 ancianos, formando como un senado de honor que rodea al trono de Dios.

Y aquí, por cierto, entramos en los posibles significados de estos 24 ancianos que podrían ser:

- Los santos glorificados del Antiguo Testamento.

- Los 12 patriarcas y los 12 apóstoles, simbolizando al Antiguo y Nuevo Testamento.

- Número simbólico inspirado en las 24 clases sacerdotales que servían en el templo.

Los comentaristas católicos teniendo en cuenta que el pasaje presenta a Dios como el Creador, ven en "*...los 24 ancianos, ángeles a quienes Dios ha confiado el gobierno de los tiempos.*"

"*Son*" - dice P. Allo - "*como ángeles custodios universales.*"

Su posición, sentados en sus tronos y vestidos de blanco y con una corona de oro sobre sus cabezas, todo eso simboliza su poder y su gran dignidad. Las vestiduras blancas significan el triunfo y la pureza. Las coronas simbolizan su autoridad y la parte que toman en el gobierno del mundo. Son ancianos por su gobierno secular. Lo llamativo es que no sólo reinan sino que también ejercen oficios sacerdotales en la adoración del cielo.

> *"Están a la cabeza de la iglesia celeste, y por eso representan idealmente la humanidad rescatada, cuyas oraciones ofrecen a Dios. Se los verá asociarse sin cesar a los sucesos de la tierra y el progreso del Reino de Dios."*
> (William Barclay)

Notemos también aquí, que el número de 24, corresponde a las doce horas del día, sumadas a las doce de la noche.

No sólo los 24 ancianos dan realce a la majestad de Dios, también se les une la naturaleza con truenos y relámpagos, (versículo 5), ilustración ésta muy similar a la teofanía en el monte Sinaí (Éxodo 19: 16), casi como recordando algo que para el ser humano es imposible oír y contemplar.

Por otra parte, simbolizan el poder terrible que tiene Dios y que se manifestará castigando a quienes transgredan Su ley. Así como Dios es amor (1 Juan 4:8), aquí nos presenta la realidad de que Dios es santo, y por eso enfatiza Su poder. El escritor de Hebreos, hablando de la actitud correcta de nuestro corazón, dice:

"Así que, recibiendo nosotros un reino inconmovible, tengamos gratitud, y mediante ella sirvamos a Dios agradándole con temor y reverencia; Porque nuestro Dios es fuego consumidor"

(Hebreos 12:28,29).

No hemos recibido verdadera revelación, si no sabemos contemplar con temor reverente la presencia de Dios. Temor y reverencia, son dos palabras que parecen ignoradas en la iglesia de nuestro tiempo. El diablo está muy interesado para que tomemos de manera superficial el temor y la reverencia.

En alguna manera esta visión, terrible y gloriosa a la vez, quiere enseñarnos que no podemos jugar con la presencia de Dios. Si el sacerdote del antiguo pacto debía ser tan cuidadoso, por temor a caer muerto en el lugar santísimo, ¡cuánto más nosotros que somos templo del Espíritu Santo! Ojalá nuestra actitud de respetuosa reverencia y de amoroso temor, haga que tan sublime Huésped, se sienta libre para sacar gloria del altar de nuestro corazón y ofrecerlo al Padre como perfume agradable.

Agrega en el versículo 5, *"Y delante del trono ardían siete lámparas de fuego, las cuales son los siete espíritus de Dios"*. Generalmente, se acepta la idea que son expresiones, para designar la obra completa del Espíritu Santo en sus distintas manifestaciones, como por ejemplo, refiriéndose a los dones del Espíritu Santo en 1 Corintios 12:4.

Y podría relacionarse con la profecía de Isaías tocante al Mesías y al Espíritu septiforme que reposaría sobre

Él (Isaías 11:1,2).

En el versículo 6 el profeta ve *"como un mar de vidrio semejante al cristal"*. Simboliza de esta manera la tranquilidad sublime del absoluto gobierno de Dios.

Los cuatro seres vivientes - Versículos 4:6b-11.

"En el centro, alrededor del trono, había cuatro seres vivientes cubiertos de ojos por delante y por detrás. El primero de los seres vivientes era semejante a un león; el segundo, a un toro; el tercero tenía rostro como de hombre; el cuarto era semejante a un águila en vuelo. Cada uno de ellos tenía seis alas y estaba cubierto de ojos, por encima y por debajo de las alas. Y día y noche repetían sin cesar: «Santo, santo, santo es el Señor Dios Todopoderoso, el que era y que es y que ha de venir.» Cada vez que estos seres vivientes daban gloria, honra y acción de gracias al que estaba sentado en el trono, al que vive por los siglos de los siglos, los veinticuatro ancianos se postraban ante él y adoraban al que vive por los siglos de los siglos. Y rendían sus coronas delante del trono exclamando: «Digno eres, Señor y Dios nuestro, de recibir la gloria, la honra y el poder, porque tú creaste todas las cosas; por tu voluntad existen y fueron creadas.»" (4:6b-11)

Generalmente, se entiende que son querubines, seres de un orden angelical. Parece que se trata de los mismos que encontramos en el relato de Ezequiel Capítulos 1 y 10, donde el profeta los identifica como querubines. No debemos olvidar que Juan parece inspirarse constantemente en Ezequiel y también en Isaías.

Recordemos que había querubines presentes en la caída del hombre y que ellos guardaban el árbol de la vida. En el escenario de nuestro estudio, están participando de la celebración de la completa redención del hombre.

Hay opiniones diversas acerca de estos cuatro seres vivientes. Algunos dicen que representan a las fuerzas de la naturaleza, otros a la creación animada entera que hace culto incesante de alabanza al Creador. La tradición cristiana, por otra parte, se ha servido de ellos que sostienen y transportan el trono de Dios, para simbolizar a los cuatro evangelios.

- **San Mateo** representa al hombre, ya que comienza su evangelio con la genealogía humana de Cristo.

- **San Marcos** representa al león, ya que lo comienza diciendo: *"Voz del que clama en el desierto "* y en el desierto es el león el que ruge.

- **San Lucas** simboliza al toro, porque comienza con la historia del sacerdote Zacarías. El sacerdote en el Antiguo Testamento era el que sacrificaba los toros para los sacrificios en el templo.

- **San Juan** es representado por el águila, y la razón es que desde el prólogo de su evangelio se remonta con la prestancia de un águila hasta las alturas de la misma divinidad. Por ello a Juan se le llama 'el teólogo', pues de una manera muy peculiar presenta, toda la gloria de Dios reflejada en la persona de Cristo.

"Y alrededor y por dentro estaban llenos de ojos" escribe Juan. Mientras que Ezequiel pone esos ojos en, o sobre las ruedas del carro de Dios. Ver Ezequiel 1:18. Los ojos son para ver, así que se cree que estos vivientes deben tener algún oficio en el gobierno del mundo. Notemos también que el número cuatro responde a las cuatro partes del mundo, como sucede frecuentemente en El Apocalipsis.

"Tenían cada uno seis alas." No sabemos por qué tenían seis alas y no cuatro como es el caso de los querubines en el libro de Ezequiel (1:6). Cualquier apreciación al respecto correría el riesgo de aparecer extraña. Al abrir sus alas aparecían sus cuerpos llenos de ojos en derredor, *"y alrededor y por dentro estaban llenos de ojos"* (versículo 8). De alguna manera las alas y los ojos representan la omnipresencia y la omnisciencia de Dios. Las alas como representando su capacidad ilimitada de estar en todos lados a la vez y los ojos de Dios que todo lo observan, todo lo ven y todo lo escudriñan.

Extraído del libro: *UNA VENTANA ABIERTA EN EL CIELO - Un comentario bíblico del Apocalipsis de San Juan.* Por José Reina

¿Qué se entiende por prosperidad bíblica?

La palabra PRÓSPERO tiene una connotación de éxito y triunfo, prosperidad indica tener abundancia o lo suficiente para vivir bien, pudiendo compartir con otros; y cubre necesidades personales, materiales y espirituales.

Ser próspero significa alcanzar el propósito para el que fuimos creados e involucra todos los aspectos de la vida armonizados con el pensamiento de Dios:

Sanidad mental
Claridad de pensamientos
Objetividad en la forma de vivir

Vivir en un ambiente de amor por el prójimo (primero la familia, luego los de la fe y finalmente el resto de las personas)

El Salmo 1 nos revela los fundamentos de una vida plena y nos muestra porque quienes la buscan por otras vías (drogas, dinero, fama, poder etc.) terminan arruinando sus vidas.

Salmo 1: 1-3; Salmo 1:1 Bienaventurado el varón que no anduvo en consejo de malos,

Ni estuvo en camino de pecadores, Ni en silla de escarnecedores se ha sentado;

Será como árbol plantado junto a corrientes de aguas, Que da su fruto en su tiempo, Salmo 1:2 Sino que en la ley de Jehová está su delicia, Y en su ley medita de día y de noche

Salmo 1:3 Y su hoja no cae; Y todo lo que hace, prosperará.

Bienaventurado = אֶשֶׁר **ésher;** (de h833); felicidad; solo en const. masc. plur. como interj., ¡cuan feliz!:- bienaventurado, dichoso. También = 'ashrê (יְרְשַׁא),

«bienaventurado, feliz». De las 44 veces que aparece este nombre, 40 están en pasajes poéticos: 26 veces en los Salmos y 8 en Proverbios. El término comunica básicamente la «prosperidad» o «felicidad» que experimentan los que son favorecidos (bendecidos) por alguien superior En la mayoría de los pasajes, quien otorga el favor es Dios mismo.

Próspero = euodoo(εὐοδόω,) significado de tener un viaje próspero, ayuda en el camino, éxito en lo propuesto

euporia(εὐπορία,) prosperidad, ganancia.

La prosperidad no se halla en el consejo de los malos. Un estilo de vida que excluye a Dios, no conduce a una vida feliz con prosperidad duradera.

Meditar en su palabra nos da sabiduría.

¿Desea Dios prosperarnos?

Dios expresó su deseo de prosperar a su pueblo y a quienes serían sus descendientes (en la promesa a Abraham) pero requería de ellos obediencia absoluta.

Deuteronomio 10:12 Ahora, pues, Israel, ¿qué pide Jehová tu Dios de ti, sino que temas a Jehová tu Dios, que andes en todos sus caminos, y que lo ames, y sirvas a Jehová tu Dios con todo tu corazón y con toda tu alma;

Deuteronomio 10:13 que guardes los mandamientos de Jehová y sus estatutos, que yo te prescribo hoy, para que tengas prosperidad?

3Juan 1:2 Amado, yo deseo que tú seas prosperado en todas las cosas, y que tengas Salud, así como prospera tu alma.

La prosperidad es un resultado, PROSPERIDAD DE DIOS. Dios lo expresa en su Palabra como la consecuencia a una vida de fidelidad a sus principios. En estos versículos y otros que seguiremos analizando, se verá que la idea de prosperidad se relaciona con un estado de bonanza, plenitud, felicidad y que abarca todas las áreas de nuestra vida, por lo tanto, Dios no quiere que pongamos un énfasis indebido solo en lo material. Hay que mantener un equilibrio.

En todo el desarrollo de la Palabra de Dios encontramos innumerables citas referida a la voluntad de Dios de prosperar a su pueblo; por lo que haremos un recorrido mencionando las principales citas con una breve mención al propósito de cada una en su contexto.

Los términos prosperidad, prosperar, próspero en su versión original tienen diversos significados, todos con un sentido más amplio al simple enriquecimiento como podríamos imaginarnos los lectores que utilizamos el idioma español.

Leemos en:

Génesis 26:12 Y sembró Isaac en aquella tierra, y cosechó aquel año ciento por uno; y le bendijo Jehová.

Génesis 26:13 El varón se enriqueció, y fue

prosperado, y se engrandeció hasta hacerse muy poderoso.

Génesis 26:14 Y tuvo hato de ovejas, y hato de vacas, y mucha labranza; y los filisteos le tuvieron envidia.

Prosperado = aumentar, avanzar, crecer, extenderse, curso favorable en todas las cosas, tener éxito en lo que se emprende.

En este pasaje vemos el cumplimiento de la promesa hecha por Dios en Génesis 26:2-3 recordando que ya antes, Dios había jurado bendecir a Abraham y a su descendencia. La obediencia de Isaac tuvo su consecuencia de parte de Dios.

Recordemos aquella promesa hecha con juramento que da inicio al propósito de Dios de bendecirnos:

Génesis 22:15 Y llamó el ángel de Jehová a Abraham por segunda vez desde el cielo,

Génesis 22:16 y dijo: Por mí mismo he jurado, dice Jehová, que por cuanto has hecho esto, y no me has rehusado tu hijo, tu único hijo;

Génesis 22:17 de cierto te bendeciré, y multiplicaré tu descendencia como las estrellas del cielo y como la arena que está a la orilla del mar; y tu descendencia poseerá las puertas de sus enemigos.

Génesis 22:18 En tu simiente serán benditas todas las

naciones de la tierra, por cuanto obedeciste a mi voz.

Otras citas importantes:

Deuteronomio 11:26 He aquí yo pongo hoy delante de vosotros la bendición y la maldición:

Deuteronomio 11:27 la bendición, si oyereis los mandamientos de Jehová vuestro Dios, que yo os prescribo hoy,

Deuteronomio 11:28 y la maldición, si no oyereis los mandamientos de Jehová vuestro Dios, y os apartareis del camino que yo os ordeno hoy, para ir en pos de dioses ajenos que no habéis conocido.

Deuteronomio 29:9 Guardaréis, pues, las palabras de este pacto, y las pondréis por obra, para que prosperéis en todo lo que hiciereis.

La promesa dada a Moisés y todo su pueblo, comenzó a cumplirse con Josué, a él se le indicó como hacerla realidad:

Josué 1:3 Yo os he entregado, como lo había dicho a Moisés, todo lugar que pisare la planta de vuestro pie.

Josué 1:4 Desde el desierto y el Líbano hasta el gran río Éufrates, toda la tierra de los heteos hasta el gran mar donde se pone el sol, será vuestro territorio.

Josué 1:5 Nadie te podrá hacer frente en todos los días de tu vida; como estuve con Moisés, estaré contigo; no te dejaré, ni te desampararé.

Josué 1:6 Esfuérzate y sé valiente; porque tú repartirás a este pueblo por heredad la tierra de la cual juré a sus padres que la daría a ellos.

Josué 1:7 Solamente esfuérzate y sé muy valiente, para cuidar de hacer conforme a toda la ley que mi siervo Moisés te mandó; no te apartes de ella ni a diestra ni a siniestra, para que seas prosperado en todas las cosas que emprendas.

Josué 1:8 Nunca se apartará de tu boca este libro de la ley, sino que de día y de noche meditarás en él, para que guardes y hagas conforme a todo lo que en él está escrito; porque entonces harás prosperar tu camino, y todo te saldrá bien.

Josué 1:9 Mira que te mando que te esfuerces y seas valiente; no temas ni desmayes, porque Jehová tu Dios estará contigo en dondequiera que vayas.

Dios nunca piensa con escasez, sino con abundancia, a su pueblo le prometió dar un territorio que se extendía "hasta donde se pone el sol", indicando solo como límite el gran mar, pero así como ofrece a su pueblo la salvación por gracia (regalo) para conseguir hacer realidad sus promesas se les exigió (y se nos exige aún hoy) que nos esforcemos y seamos valientes para conquistarlas, eso sí sabiendo que él esta con nosotros y entonces nadie nos puede hacer frente ante nuestra genuina lucha; Jesús lo dijo en términos más duros aún:

Juan 16:33 Estas cosas os he hablado para que en mí tengáis paz. En el mundo tendréis aflicción; pero confiad, yo he vencido al mundo.

Esforzarse = châzaq = חז ק Ser rígido, severo, soportar firme

Valiente =ser obstinado, bravo, alerta, determinado, con coraje, ejercer una correcta violencia en nuestro modo de vida.

En resumen: para obtener las promesas de Dios debemos esforzarnos y ser valientes.

En **Juan 3:3** Respondió Jesús y le dijo: De cierto, de cierto te digo, que el que no naciere de nuevo, no puede ver el reino de Dios.

Si hemos nacido a una nueva vida con Cristo no debemos conformarnos con solo ver el reino, debemos conquistarlo, y para ello debemos aplicar esfuerzo y valentía.

Esto nos conduce a una importante conclusión: no nos alcanza con saber o conocer la Palabra, sino que debemos aplicar acción al conocimiento. No es el conocimiento de que ya sabemos lo que nos hace exitosos sino haciendo lo que ya sabemos. Ninguna Palabra recibida será exitosa (dará frutos) en nuestra vida hasta que la pongamos en práctica.

Aquellas instrucciones dadas a Josué tuvieron fiel cumplimiento:

Josué 21:43 De esta manera dio Jehová a Israel toda la tierra que había jurado dar a sus padres, y la poseyeron y habitaron en ella.

Josué 21:44 Y Jehová les dio reposo alrededor, conforme a todo lo que había jurado a sus padres; y ninguno de todos sus enemigos pudo hacerles frente, porque Jehová entregó en sus manos a todos sus enemigos.

Josué 21:45 No faltó palabra de todas las buenas promesas que Jehová había hecho a la casa de Israel; todo se cumplió.

Pero Dios...

En la Palabra en muchas oportunidades leeremos pero Dios... y no siempre fueron buenas las consecuencias de estos peros

Dios les advirtió que debían respetar fielmente el pacto de obediencia a sus leyes, sin embargo el pueblo una y otra vez desobedeció y se salió de las prescripciones enumeradas en Deuteronomio 28:1-14 (consecuencias de la obediencia) y cayeron bajo los castigos previstos en Deuteronomio 28:15-en adelante- (consecuencias de la desobediencia).

Podemos observar que las promesas de prosperar o no

si bien inicialmente eran materiales, estas a su vez generaban un estado espiritual de dependencia a Dios que les traía paz, felicidad, etc. Por eso el concepto de prosperidad en Dios es completo, no solo la tenencia de riquezas, sino que el deseo de Dios es una vida plena, abundante, luego Jesucristo reiteraría este concepto de vida plena al decirnos:

Juan 10:10 El ladrón no viene sino para hurtar y matar y destruir; yo he venido para que tengan vida, y para que la tengan en abundancia.

Y también nos advirtió que la sola tenencia de riquezas no hace una vida completa.

Lucas 12:15 Y les dijo: Mirad, y guardaos de toda avaricia; porque la vida del hombre no consiste en la abundancia de los bienes que posee.

Ya leímos en el Salmo 1 que aquel que medita en la Palabra de día y de noche prosperará, la base espiritual permite un resultado material.

Dios sabe que el dinero es esencial en la vida de las personas y como le afectará según el uso que se haga de él, por eso trata el tema extensamente.

Hemos analizado el concepto **prosperidad** según la Palabra y también hemos leído que es el deseo de Dios prosperarnos en nuestra vida con El, necesitamos ahora clarificar la relación que debe existir entre Dios y

nosotros en con respecto a esa prosperidad.

Extraído del libro: **CRISTIANO Y... ¿PRÓSPERO?** - *Descubra la verdadera prosperidad bíblica.* Por Alberto Altina.

Un ángel estaba allí

Ningún padre quiere recibir una llamada avisándole que debe ir inmediatamente a la sala de emergencias del hospital. El año pasado recibí esa llamada informándome que mi hija había estado en un accidente automovilístico. Cuando llegué a la sala vi a dos jóvenes en las primeras dos camas y una anciana que no estaba relacionada al accidente sobre la tercera cama. Me largué a llorar por mi hija porque al no verla, pensé lo peor.

Entonces alguien puso sus manos sobre mis hombros y me condujo a otra sala y allí la vi entrar a mi hija despeinada con un solo zapato, su bolso y algo negro colgando del brazo que yo pensé debía ser algún tipo de abrazadera médica. El conductor de la ambulancia me comentó que era un milagro de que mi hija estaba viva, más aún de que estaba caminando sin ayuda.

El coche en cuestión era un descapotable y los tres pasajeros fueron expulsados al salir por el aire. Luego rodó tres o cuatro veces hacia abajo por un terraplén antes de aterrizar en la cima de un árbol grande. Mi hija había se había negado al tratamiento médico en el escenario del accidente para que pudiera ir con los otros dos pasajeros en la ambulancia.

Cuando la llevé a un baño cercano para lavarse le pregunté qué es lo que tenía sobre su brazo. Y entonces me di cuenta de que era el estuche para CD que se engancha al protector solar del coche. De todas las cosas en el coche, me preguntaba cómo había terminado con eso en la mano. Me contestó que sólo recordaba que una anciana de pelo gris se le acercó en la escena y se lo dio y le dijo que todo estaría bien. Entonces mi hija subió a la ambulancia y cuando se dio vuelta, la anciana se había ido.

Mientras me relataba lo sucedido ella dio vuelta el estuche de CD y allí en la parte de atrás se encontraba el prendedor de un ángel guardián que yo había colocado en su coche cuando lo había comprado. Para nosotros no podría haber señal más clara de cómo ella había sobrevivido aquel accidente.

No creemos que el estuche de CD haya tocado nunca el suelo ya que aquellos eran los únicos CD en el coche y el estuche en si estaba limpio, sin ninguna marca o ralladura, cuando todo lo demás estaba cubierto de tierra y marcado.

Aún me emociono al recordarlo, y mi hija se siente realmente bendecida. Agradecemos a Dios por nuestros ángeles.

LISA

Extraído del libro: *ÁNGELES EN LA TIERRA* - *Historias reales de personas que han tenido experiencias sobrenaturales con un ángel.* Por Diana Baker

Estimado Lector

Nos interesa mucho sus comentarios y opiniones sobre esta obra. Por favor ayúdenos comentando sobre este libro. Puede hacerlo dejando una reseña en la tienda donde lo ha adquirido.

Puede también escribirnos por correo electrónico a la dirección info@editorialimagen.com

Si desea más libros como éste puedes visitar el sitio de **Editorialimagen.com** para ver los nuevos títulos disponibles y aprovechar los descuentos y precios especiales que publicamos cada semana.

Allí mismo puede contactarnos directamente si tiene dudas, preguntas o cualquier sugerencia. ¡Esperamos saber de usted!

Más libros de interés

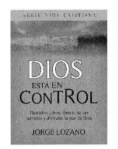 **Dios está en Control** - Descubre cómo librarte de tus temores y disfrutar la paz de Dios

En este libro, el pastor Jorge Lozano, quien nació en México y vive en Argentina desde hace más de 20 años, nos enseña cómo librarnos de los temores para que podamos experimentar la paz de Dios.

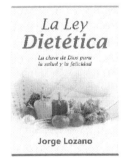 **La Ley Dietética** - La clave de Dios para la salud y la felicidad

Es hora de que rompamos la miserable barrera nutricional y empecemos a disfrutar de la buena salud y el bienestar que Dios quiere que tengamos. Al leer este libro descubrirás los fundamentos para edificar un cuerpo fuerte y sano que dure mucho tiempo, para que disfrutes la vida y para que sirvas al Señor y a su pueblo por muchos años.

Gracia para Vivir - Descubre cómo vivir la vida cristiana y ser parte de los planes de Dios

Martin Field, teólogo del Moore Theological College en Sidney, Australia, nos comparte en este libro sobre la gracia que proviene de Dios. La misma gracia que trae salvación también nos enseña cómo vivir mientras esperamos la venida de Jesús.

El Poder Espiritual de las Siete Fiestas de Dios - Descubre la relevancia que estas celebraciones tienen para el cristiano y los eventos futuros.

La perspectiva espiritual se agudiza llevándonos a comprender que los designios de Dios, muchas veces, son más complejos que lo que aparentan ser a primera vista. Esto es lo que podemos ver en las fiestas que Él dio al pueblo de Israel en el tiempo de Moisés. Cada una de las fiestas tiene un significado y un propósito más allá de ser una simple celebración.

Perlas de Gran Precio - Descubriendo verdades escondidas de la Palabra de Dios

Una perla que se produce en el mar tiene un valor muy alto. El proceso comienza es un diminuto grano de arena y con el tiempo se convierte en algo muy bello que muchos buscan y codician. Este proceso ha llevado su tiempo – ¡puede ser hasta 10 años! Por esa razón una perla genuina es un objeto muy costoso y encontrarla es un verdadero triunfo.

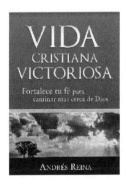

Vida Cristiana Victoriosa - Fortalece tu fe para caminar más cerca de Dios

En este libro descubrirás cómo vivir la vida victoriosa, Cómo ser amigo de Dios y ganarse Su favor, Lo que hace la diferencia, Cómo te ve Dios, Cómo ser un guerrero de Dios, La grandeza de nuestro Dios, La verdadera adoración, Cómo vencer la tentación y Por qué Dios permite el sufrimiento, entre muchos otros temas.

Ángeles en la Tierra - Historias reales de personas que han tenido experiencias sobrenaturales con un ángel

Este libro no pretende ser un estudio bíblico exhaustivo de los ángeles según la Biblia – hay muchos libros que tratan ese tema. Los ángeles son tan reales y la mayoría de las personas han tenido por lo menos una experiencia sobrenatural o inexplicable.

Conociendo más a la persona del Espíritu Santo

Este libro sobre la Persona del Espíritu Santo es el relato de un viaje personal. Después de muchos años de ser creyentes el Señor puso una inquietud en mi vida y la de mi esposo - la inquietud por buscar la llenura del Espíritu Santo. Fue un 'viaje' donde aprendimos mucho y en estas páginas comparto esa aventura espiritual.

Una Ventana Abierta en el Cielo
- Un comentario bíblico del Apocalipsis de San Juan

¿Qué pasará con la humanidad? ¿Será destruidoel planeta tierra? No hay dudas que nuestro planeta sufre los peores momentos. Ante una cada vez mas intensa ola de desastres naturales y la presente realidad de una sociedad resquebrajada moralmente. Surgen las preguntas: ¿Hacia dónde se encamina la humanidad entera? ¿Tiene su historia un propósito? ¿Dónde encontrar respuestas?

Cristiano y... ¿Próspero? - Descubra la verdadera prosperidad bíblica

En este nuevo libro de la serie Vida Cristiana aprenderás sobre la mayordomía del cristiano y lo que pide Dios para prosperarnos. Descubrirás cómo liberarte de la esclavitud financiera y evitar el mal uso del dinero.

Además encontrarás respuestas a las siguientes preguntas:

¿Qué se entiende por prosperidad bíblica? ¿Desea Dios prosperarnos? ¿Es la prosperidad para todos? ¿Cómo nos prospera Dios? ¿Puede un hijo de Dios ser próspero?

Made in the USA
Columbia, SC
11 August 2017